Die Welt im Kinderköpfchen

Josephine Siebe

Alpha Editions

This edition published in 2022

ISBN : 9789356789807

Design and Setting By
Alpha Editions
www.alphaedis.com
Email - info@alphaedis.com

Contents

Einleitung.

Wenn das Kind im Märchen hört, „er ging bis an das Ende der Welt“, so scheint ihm das Ziel nicht weiter erstaunlich und der Weg für einen Märchenprinzen schon ergehbar. Denn hinter Stadt, Dorf und Wald, ja vielleicht schon hinter dem Gartenzaun liegt für das kleine Kind in seiner Phantasie das Ende der Welt; nahe und doch unendlich weit, weil seinem Welterkennen immer Neues entgegentritt, mit dem es sich erst auseinandersetzen muß. Der Forschungsreisende, der nach langer Fahrt unbekanntes Land erblickt, erlebt im Grunde nichts Wunderbareres als das kleine Kind, das zum ersten Male eine Straße entlang geht, einen Garten betritt, dem sich eine bisher unbetretene Stube, eine Bodenkammer öffnet. Tut das Kind allein seine ersten Schritte und geht etwa bis zu einem Stuhl, so ist ihm der Stuhl im Augenblick Weltgrenze und Ziel. Doch weitet sich für das Kind rasch der Weltbegriff. Hinter dem Stuhl liegt die Türe, der Flur kommt, die Treppe, das Haus tut sich auf und Straße, Hof und Garten dehnen sich vor ihm, neue Gegenstände, neue Menschen treten in den Umkreis seines Blickes und jedes Wort, das es hört, jede Blume, jedes Insekt, ein Kieselstein, ein Schneckenhaus, eine Regenlache und alles was geht, kommt und fährt erweitern des Kindes Weltbild, erweitern es heute namentlich bei dem Großstadtkind mit beängstigender Schnelligkeit; doch auch das Kleinstadtkind, ja selbst das vom Lande, wenn es nicht in völlig abgelegener Gegend wohnt, lernt im Maschinenzeitalter die Welt ungleich rascher kennen als die Kinder früherer Zeiten.

Zum sinnlichen Welterfassen tritt frühe auch das Streben, sich mit Gott auseinanderzusetzen; freilich, der Himmel, der sich über uns wölbt mit Sonne, Mond und Sternen, erscheint dem Kinde greifbar nahe, und wie es oftmals begehrt, die lieben kleinen Sterne in seine Händchen zu nehmen, es den Mond verlangt und die Sonnenstrahlen fangen will, so nahe, menschlich nahe scheint ihm der liebe Gott zu sein. Der ist ihm meist der gute alte Mann, der irgendwo hinter der blauen Himmelswand sitzt, mit dem es sich abends in seinem Bettchen aussprechen kann, ja mit dem es gelegentlich auch etwas schilt wie jenes kleine Mädchen, das bei einem plötzlichen Regenguß auf die frisch geputzten Fenster weisend, mit erhobenem Fingerlein mahnte: „Na warte nur, lieber Gott, wenn das die Mama sieht.“

Der Erwachsene hat für diesen kindlichen Gottesbegriff leider oft nur ein Lächeln, wie er manchmal auch nur ein Lächeln hat für die tausendfachen Fragen der Kinder nach dem Wesen aller Dinge, für das drängende, flehende, nie verstummende Warum und doch wollen die Kleinen vom ersten Schritt in die unendliche Welt hinaus, auch wenn diese nur der nächste Stuhl ist, ernst genommen werden, verstanden sein von den großen Leuten. So ernst wie der Gelehrte, der am heiligen Born der Weisheit lauschend grübelt, oder der Forscher, der in nimmersatter Sehnsucht die Welt umschifft. Nur wenn wir versuchen, des Kindes Gedanken nachzudenken, wenn wir im Verkehr mit dem Kinde gleichsam noch einmal schon zurückgelegte Wege wiedergehen, uns des eigenen Werdens bewußt werden, dann kann es uns gelingen, einem Kinde gerecht zu werden. Wir müssen wieder mit Kindergedanken denken lernen, damit wir anscheinende Torheiten, Unsinn, ja schlimme Fehler als Entwicklungsstufen richtig werten können.

In den nachfolgenden Bildern aus dem Kleinkinderleben ist versucht worden, das vielgestaltige Welterkennen des Kindes, sein Verhältnis zu seiner Umwelt, zur Natur und zu Gott in leisen Umrissen festzuhalten. Nicht als Geschichtchen aus Kindermund etwa möchten diese kleinen Schattenbilder angesehen werden, sondern als ein Beitrag zu dem großen Kapitel „Eltern und Kinder“, dem die vorliegende Elternbücherei in allen ihren Erscheinungen dienen will.

Erste Schritte.

„Unser Traudchen lernt leider so schwer laufen.“

Die junge Mutter sagte dies immer ein wenig bedrückt, denn von einem Erstling verlangt doch die ganze liebe Sippe ein linschen Wunderkindtum; wenn es da mit dem Sprechen und Laufen nicht so flink gehen will, wenn Kleinchen nicht Spuren ganz ungewöhnlicher Fassungsgabe zeigt oder bedeutende Talente verrät, dann ist das für junge Eltern, namentlich wenn der Verwandtenkreis groß ist, immerhin peinlich. Und Traudchen war zwar rund und rosig, es lachte, versuchte sich auch mit wundersamen Lauten in der Redekunst, aber der kleine Ernst von Tante Elli konnte doch alles schon viel besser, und Maiers Lotte erst, die nur um zwei Tage älter als Traudchen war, erstaunlich, was die alles leistete!

Überhaupt Maiers Kinder! Gegen die kam so leicht kein Kind auf, und Frau Maier füllte ihre Besuchsstunden damit aus zu erzählen, was ihre Kinder alles sagten, taten, meinten und vermutlich fühlten und dachten.

Vielleicht achte ich doch nicht genug auf mein Kind, dachte Frau Irma wohl, wenn sie von der fabelhaften Entwicklung der Maierschen Kinder hörte. Und sie versuchte mit Bitten und sanfter Gewalt das schwerfällige Kind zum Laufen zu bringen. Traudchen tat dann auch ein paar schwankende ängstliche Schritte an der Mutter Hand, doch sobald diese losließ, gab es ein Zetergeschrei, und meist fiel Traudchen einfach hin, heulte und rutschte heulend zu ihrem Spielteppich zurück. Alle Künste versagten. Selbst der Vater, der einmal tatkräftig eingriff und der schwächlichen Muttererziehung nachhelfen wollte, erreichte nichts, ja Frau Irma und Minna, das Mädchen für alles, riefen, so jämmerlich habe Traudchen noch nie geschrien.

Der Arzt erklärte Traudchen dabei für ein völlig normales gesundes Kind, er riet zur Geduld und redete lächelnd von Erstlingssorgen. Ach Geduld, wenn man sein Kindchen doch etwas bewundert sehen möchte und heimlich, trotz aller Versicherungen des Arztes, doch die Angst im Herzen trägt, vielleicht ist das Kindchen nicht ganz gesund, vielleicht bleibt es zurück im Wachstum an Körper und Geist.

Was man für Sorgen hat um so ein Kindchen!

„Man muß es mit Lockmitteln versuchen“, erklärte der Vater. Und er ging hin und kaufte als erstes Lockmittel einen bunten Hampelmann, nach dem Traudchen kreischend griff. Zwei Minuten durfte es damit spielen, dann wurde der Hampelmann an der Tür befestigt und der Vater rief: „Komm Traudchen, komm, sieh Hampelmann!“

„Dada!“ Traudchen griff mit den Händchen in die Luft, stellte sich mit Hilfe der Mutter auf ihre Beinchen, doch als die losließ, gab es das übliche Zetergeschrei. Plumps! saß Traudchen und darüber vergaß es den Hampelmann.

Am nächsten Tag versuchte der Vater es mit einem schwingenden Ball, den löste ein Holzpapagei ab, ein schnurrender Blechhahn folgte und jedesmal gab es den gleichen Verlauf. Traudchen freute sich, griff danach, versuchte auch das Gehen, schrie und versuchte schließlich kriechend ihr Ziel zu erreichen.

Und immer wieder die Frage: „Kann Traudchen noch nicht laufen?“ — „Nein, immer noch nicht!“

Eines Tages kam Frau Maier, die Mutter der vortrefflichen Kinder, sie kam von einem Einkaufsgang, und da sie sich nicht allein als besondere Mutter, sondern auch als besondere Hausfrau fühlte, kaufte sie immer besonders billig, und nachdem sie ihr Erstaunen über Traudchens Nichtlaufenkönnen wortreich geäußert hatte, fing sie an, ihre Einkäufe zu zeigen. Sie hatte im Warenhaus allerlei Tand erstanden, für den sie Bewunderung heischte. Darunter war auch ein kleiner feuerroter Milchtopf, der bei dem Auskramen seine Umhüllung verlor, Frau Maier stellte ihn etwas achtlos neben sich auf einen Hocker und vergaß ihn über den vielerlei weisen Reden, die zu halten sie sich verpflichtet fühlte.

Da stand das Töpfchen und die Sonne blinkerte auf ihm herum, vielleicht weil sie nichts anderes zu tun hatte. Denn ein besonderes schönes Töpfchen war das kleine feuerrote Jahrmarktdings gerade nicht, keins, das auf Ausstellungen oder in einen Glasschrank gehört, aber dem Traudchen gefiel es. „Dada!“ jauchzte es und patschte in die Hände.

Dada hatte vielerlei Bedeutung. Die Mutter sah auf, doch da Traudchen ganz vergnügt an einem Stuhlbein herumkletterte und Frau Maier kein Päuslein in ihrem Redefluß eintreten ließ, achtete sie nicht weiter auf die Kleine.

„Dada!“ Traudchens Hände griffen in die Luft und ihre Blicke hingen wie gebannt an dem roten Töpfchen. Wenn's nur nicht so weit gewesen wäre!

Traudchen stand auf einmal auf seinen zwei Beinchen und niemand sah es. Und die Kleine vergaß das haltgebende Stuhlbein, ihr Eifer, zu dem roten seltsamen Dings zu gelangen, war zu groß. Ein Schrittchen tat es in die grenzenlose Weite der Stube hinein, noch einen. „Mein Gott, sehen Sie!“ Frau Irma ließ Frau Maier nicht Zeit, das notwendige Gewürz unter den Kuchen zu mischen, dessen geheimnisvolle Zubereitung sie gerade verraten wollte, „sehen Sie doch, unser Traudchen läuft. Fritz, Fritz, Minna kommt schnell herein, Traudchen läuft!“

Doch ehe die Gerufenen anlangten, hatte Traudchen schon ihr Ziel erreicht und — es klirrte, platsch lag das rote Töpfchen auf dem Boden.

„Dada!“ Traudchen sah sich nicht ohne einen gewissen Stolz über das vollbrachte Werk um. „Dada“, sie griff nach einem geheimnisvollen Päckchen, was Frau Maier auch auf den Hocker gelegt hatte, doch die kam ihr zuvor und mit dem entrüsteten Ruf: „mein schönes Milchkännchen“, entriß sie Traudchen den neuen Raub.

„Traudchen läuft, da vom Stuhl bis hierher ist sie gelaufen!“ Der Vater und Minna bekamen beide das Wunder verkündet und Traudchen platschte mit ihren Händchen auf den Hocker und kreischte vor Lust.

Frau Maier lächelte sauersüß. Nein, so hatte sie sich mit ihren Kindern wirklich nicht angestellt, und nicht einmal ein Wort der Entschuldigung sagten die Eltern. Sie stand auf und erklärte, sie müßte gehen.

„Ist es nicht entzückend, wie sicher das Kind gegangen ist?“ Frau Irma strahlte. Sie schob mit dem Fuß ein wenig die Scherben beiseite und sagte gleichmütig: „Morgen bringe ich Ihnen einen andern Topf, liebe Frau Maier. Im Warenhaus gibt es ja noch so viele.“

Frau Maier kam gar nicht dazu, eine höfliche Abwehr zu sagen, denn der junge Vater rief eifrig, man müßte etliche von diesen Töpfen holen, denn es sei immerhin erstaunlich, warum das Kind es gerade darauf abgesehen hätte und man müßte untersuchen, ob Farbe oder Form den Anreiz gegeben hätten.

Frau Irma war das gleichgültig. Sie dachte nur: mein Kindchen läuft, Gott sei Dank, es hat keinen verborgenen Fehler.

Und nach zwei Jahren klagte die junge Mutter: „Unser Traudchen ist ein Quirl. Nicht zehn Minuten sitzt das Kind still, heute ist es wieder heimlich auf die Straße gelaufen, wenn es nur nicht so eine Range wird wie Maiers Kinder.“

Die Sorgen nehmen halt kein Ende!

Aus dem Tagebuch einer Mutter.

Wirklich, ich bin keine eingebildete Mutter. Ich finde zwar meinen Erstgeborenen über die Maßen lieblich, doch das finden andere auch, die beiden Großmütter zum Beispiel, aber ich erkenne doch an, daß es noch andere nette Kinder gibt. Wenn freilich mein kleiner Schelm so seinen blonden Kopf an meine Brust lehnt und mich mit seinen dunklen Augen anstrahlt, dann — ja dann erscheint er mir eben wie ein kleiner Engel.

Doch ganz engelhaft ist er nicht immer. Leider. Er hat einen Dickkopf. Sein Vater sagt, den hat er von mir, ich sage, darin gleicht er ihm.

Neulich kam Tante Berta gerade dazu, als Mutter und Sohn über das Spazierengehen anderer Meinung waren. Etwas laut ging es zu. Das kann ich nicht leugnen. Das Söhnlein trampelte und schrie, die Mutter schalt und weinte. Nein, engelhaft war es wohl nicht. Doch abscheulichen Trotzkopf brauchte Tante Berta den Buben auch nicht zu nennen. Das war zu viel.

Wenn Bubi nur weniger geschrien hätte! Zum Davonlaufen war es wirklich und Tante Berta lief auch davon. Ich begleitete sie hinaus, ein bißchen heiß und aufgeregt und just da kam unsere Hausgenossin, die Hofrätin, die Treppe hinauf. Sie sah meine Tränen, hörte Tante Bertas Ermahnungen, strenger zu sein, und da klagte ich ihr meine Not.

Da strich mir die liebe alte Frau sacht über das heiße Gesicht und sagte sanft: „Ruhe und Geduld braucht es zum Muttersein. Kind, mit Heftigkeit in Strenge und Liebe richtet man wenig aus."

„Ich würde den Bengel tüchtig verwichsen", rief Tante Berta, die mit festem Schritt die Stiege abwärts ging.

Wer hatte nun recht?

Still kehrte ich zu meinem kleinen Unband zurück. Mit verheultem Gesichtchen saß er in seiner Ecke und knurrte: „Will nicht spazieren gehen, will nicht gehen!"

Ich schwieg. „Ruhe und Geduld" klang's in mir nach. Zwang ich ihn jetzt, begann wohl das Geschrei von neuem. Ich setzte mich also an meinen Schreibtisch und begann meine Wirtschaftsrechnung.

Auf einmal kam aus Bubis Ecke ein Seufzerlein.

Ich rechnete weiter — wieder ein Seufzer!

Nun war er still, dann klang es zaghaft: „Mutti!"

Mein Kopf machte eine halbe Wendung. Nein noch war es nicht Zeit. Ich rechnete krampfhaft 15 und 37 sind 74 — oh welche närrischen Summen kamen heraus!

Wieder ein Seufzerlein. Es raschelte. Trapp trapp kam's daher, und dann huschelte es sich weich und warm an mich an und flehend und ach so kläglich klang es: „Mutti — Mutti!"

Rasch wollte ich den lieben unnützen Schelm an mich ziehen und ihn tüchtig abküssen, als mir der alten Frau Mahnung einfiel: „Mit Heftigkeit in Strenge und Liebe richtet man wenig aus." Ich streichelte also nur linde meinen Trotzkopf und fragte gelassen: „Warum hast du denn keine Lust zum Spazierengehen?"

„Weil — weil ich doch in der Eisenbahn saßte und weil ich doch Schaffner war und weil — weil ich doch nach Berlin fahrte!"

Also im Spiel hatte ich ihn gestört, das war's. Herausgerissen aus seinem heiteren bunten Phantasieland hatte ich ihn.

Ich sagte ganz ernsthaft: „Schau, Bubi, nun bist du doch einmal ausgestiegen, da kannst du ja auch spazieren gehen. Wenn du heimkommst, fährst du dann weiter!" — „Hm!"

„Marie, bringen Sie Bubis Mantel, wir gehen jetzt spazieren."

Und er ging mit. Erst etwas mürrisch, dann so froh wie immer.

Mein — ich muß es leider gestehen — erster Sieg.

Doch ich hoffe mehr zu erringen. Ruhe und Geduld, ich will immer daran denken und auch daran, meinen Buben nicht zu rasch aus seinem Spiel zu reißen. Ich werde ja selbst ärgerlich, wenn man mich gedankenlos in meiner Arbeit stört, und dem Kinde ist das Spiel Arbeit, Betätigung, für die es ganz unbewußt von den Erwachsenen Verständnis fordert.

Was ist das, Bubi schreit nebenan! Ganz aufgeregt klingt seine Stimme. „Marie, Marie, Sie gehen ins Wasser." — „Ih nee!" brummt Marie und schlurft aus dem Zimmer.

Ich gehe hinüber. Da sitzt Bubi auf einem Kissen auf dem Fußboden und ruft mir glückselig zu: „Ich bin Schiff, Mutti, fall nicht ins Wasser!"

Nein, ich will nicht in das rinnende klare Traumwässerlein treten, auf dem er so selig dahinfährt, wie der Schiffer auf dem blauen Meer der Insel des Glücks zuschifft.

Peters Reise in die weite Welt.

Wenn ein kleiner Peter Höslein trägt mit Taschen darin und vier Jahre alt ist, dann kann er schon in die weite Welt reisen. Nur die Unvernunft der großen Leute sieht das nicht ein.

Ach, die großen Leute! Man hat es manchmal schwer mit ihnen, wenn man selbst noch nicht zu ihnen gehört. Da sagt zum Beispiel der Vater an einem schönen lichten Sommertag ganz ungewöhnlich streng: „Peterle, wenn du wieder wie gestern die Kaninchen aus dem Stall läßt, dann gibt es Haue, merke es dir!"

Peter hat heute gar nicht an die Kaninchen gedacht, aber nun läuft er schnell zum Stall, natürlich nur, um den Kaninchen ihr Schicksal zu verkünden. Er redet mit den geliebten Schnupperchens und denkt nicht daran, die kleine Stalltüre zu öffnen. Bewahre. Wenn nur das weiße Kaninchen, sein besonderer Liebling, nicht so eindringlich bitten möchte. Peter nimmt dies beharrliche Am-Gitter-Sitzen für eine sehr flehende Bitte, und er redet dem Weißling betrübt zu: „Mußt drin bleiben!"

Aber da hopst ein gelbes heran, auch ein schwarzes nähert sich, alle sehen Peter so bittend an, und auf einmal, Peter weiß selbst nicht, wie es geschehen konnte, ist das Türlein auf, und husch, husch! laufen die Kaninchen in den Garten, in den schönen gepflegten Garten.

Wer soll sie nun wieder einfangen?

Peter weiß gleich, das kann er nicht. Vorgestern hat er die Ausreißer heulend gejagt, aber keines ergriffen, und dazu fällt ihm noch des Vaters Drohung ein. Und Vater spaßt nicht.

Peter rennt durch den Garten, dahin, dorthin. Dabei kommt er an das Ausgangstor, ein Spältchen steht es auf, man kann gut hinausschlüpfen. Ausreißen, wie die Kaninchen ausgerissen sind, in die weite Welt hinauslaufen!

Peter denkt es nicht, er fühlt es nur halb unbewußt, und plötzlich steht er draußen auf der Straße. Zum erstenmal allein. Peterle ist ein wohlbehütetes Kind, immer geht er sonst nur mit den Eltern oder mit Fräulein spazieren und immer nur in den Gängen des nahen Parkes, er kennt nur die Straße, in der seines Vaters Villa liegt, und die nachbarliche, in der die Großeltern wohnen, nicht jene Straßen, in denen die Häuser dicht gedrängt stehen, himmelhoch aufgebaut. Und doch braucht man nur ein paar Schritte zu gehen, und schon läuft so eine lange Häuserzeile dahin, eine Straße voll Leben. Wagen fahren, Menschen hasten sie entlang und Kinder spielen auf ihr, immer zu jeder Tageszeit, viele, viele Kinder.

So viele Kinder hat Peter noch gar nicht gesehen. Wenn nun einer in die weite Welt reisen will und nicht fahren kann, dann muß er laufen, und Peterle läuft, ein bißchen Angst, erwischt zu werden, ist auch dabei, also rennt er trapp trapp die Straße entlang, und so eilig hat er es, daß er eine dumme Bordschwelle nicht sieht, er stolpert und pardauz! gibt es den ersten Aufenthalt auf der Reise in die weite Welt hinaus.

Wenn Peter daheim fällt, dann heult er, bis man ihn aufhebt, ihn tröstet, ihm einen Leckerbissen verspricht, und darum heult er jetzt auch, heult jämmerlich, aber — es hebt ihn niemand auf. Nur eine dünne schrille Stimme schreit ihn an: „Biste gefall'n?“

Es ist, als ob diese Stimme den Kleinen in die Höhe zieht, er steht auf und sieht sich höchst verwundert um, da steht ein Mädel, etwas größer als er, die sieht ihn spöttisch an und fragt höhnisch: „Haste dich dreckig gemacht?“

Daß die weißen Höslein schmutzig sind, bekümmert Peter nicht weiter, denn daheim liegen noch viele saubere weiße Höslein, er sieht nur die Fragerin, wie ein Weltwunder starrt er sie an. Sie trägt ein verschlissenes Kleid, im schwarzen Wuschelkopf brennt ein rotes Bändchen und in den festen braunen Händchen hält sie eine unglaublich dicke Schnitte, deren Musbelag seine Spuren dem ganzen Gesichtchen aufgedrückt hat.

„Willste mal beißen?“

Peter ißt zu Hause nicht alles, was man ihm reicht, aber in die dicke Schnitte beißt er herzhaft hinein, und während er kaut und schluckt und auch ein Musbärtlein bekommt, sagt die Spenderin: „Ich heiße Mine, wie heiste denn?“

Peter gurgelt seinen Namen heraus, und die Freundschaft ist geschlossen. Mine pflegt schnell Freundschaften zu schließen, und weil weder Guste noch Marie, Liese, Otto, Fritze und Paul just auf der Straße sind, um mit ihr zu spielen, kommt ihr der kleine Weltreisende gerade recht. Sie fragt: „Wo kommste denn her?“

Peter weiß nicht, wo seines Vaters Haus liegt, er ahnt aber dumpf, Mine würde Verständnis haben für seine Reise in die weite Welt. Er erzählt. Nicht ganz so zungenschnell, wie Mine redet, aber die versteht ihn gut, sie nickt und antwortet beifällig: „Wenn ich Haue kriegen soll, reiß ich immer aus. Vater haut so sehr. Woll'n mer Himmel und Hölle spielen?“

Peter kennt das Spiel nicht, und Mine nennt ihn ohne viel Umstände dumm, sie sieht ihn etwas verächtlich an, aber sein weißer Anzug, seine wohlgepflegte Niedlichkeit versöhnen sie doch wieder, und sie nimmt den kleinen Ausreißer gnädig als Lehrling an. Und dann kommen Guste und Marie, Fritz und Paul gesellen sich dazu, und alle blicken halb mißtrauisch, halb verlegen den „feinen Neuen“ an. Doch Mine erklärt, und das Zauberwort: „Er ist ausgerissen“ befördert das Vertrauen; Peter darf mittun.

Sie spielen auf der Straße. Peter hat es noch nicht geahnt, welche wunderbaren Spiele es gibt. Himmel und Hölle ist bald abgetan, Feuerwehr wird gespielt und Schutzmann. Paul mimt zur johlenden Freude der anderen einen Betrunkenen, so wie gestern einer auf der Straße herumgetorkelt ist. Er schimpft wie der Betrunkene, stößt Worte aus, die Peter noch nie gehört hat, aber die er sich flinker merkt als die Verslein in seinen Bilderbüchern, die Fräulein ihm manchmal vorsagt. Fritz ist ein sehr schneidiger Schutzmann, die Mädels kreischen, und Peter kreischt mit. Er findet das Spiel so köstlich wie noch keins zuvor, und er vergißt darüber den Garten, die entlaufenen Kaninchen, alles; er ist draußen in der weiten, unbekannten Welt, und er genießt sein erstes Abenteuer mit vollen Zügen. —

In Peters Elternhaus ist die Sorge wach geworden.

Fräulein hat des Kleinen Verschwinden zuerst entdeckt. Sie meint, er habe sich versteckt, und sie sucht ihn, erst lässig mal seinen Namen rufend, dann besorgter, aufgeregter; sie läuft mit ihrer Angst zu den anderen Hausbewohnern und zuletzt sind alle auf der Suche nach dem Ausreißer. Sie rennen auf die Straße, fragen da und dort, niemand hat Peter gesehen, und die Mutter weint verzweifelt; sie sieht ihr Kind bereits überfahren, verschleppt, sie ruft nach ihrem Mann, nach der Polizei. Der Fernsprecher klingelt, und als die Aufregung auf das höchste gestiegen ist, erscheint Fräulein mit dem heulenden widerborstigen Peter. Er sieht schmutzig und erhitzt aus, daß er seine Weltreise so schnell aufgeben mußte, bereitet ihm offenbar wenig Vergnügen.

Mit Straßenkindern hat er gespielt. Unglaublich!

Die Mutter ist entsetzt, Fräulein ist entsetzt, und die Mädchen stellen sich an, als wäre ein goldenes Krönlein in einen tiefen Brunnen gefallen.

Der Vater lacht. Doch er ist ein Mann der Tat und vergißt nicht, sein väterliches Wort einzulösen. Diesmal hilft kein Bitten der Mutter, nicht Fräuleins Tränenströme. Vater und Sohn reden eindringlich und recht unangenehm miteinander, und zuletzt sagt der Vater stolz auf seine Erziehungskunst: „So, das Ausreißen habe ich ihm gründlich ausgetrieben.“

Nach drei Tagen ist Peter wieder verschwunden.

Diesmal ist es kein unbewußtes Hineintappen in die weite Welt mehr, heimlich und bedacht ist er entschlüpft; denn die Straße mit Mine und ihren Spielgenossen erscheint ihm lockender als der große, stille Garten; in ihm brennt die Sehnsucht, einer unter anderen zu sein. Fräulein hat die Flucht entdeckt, und sie holt ihn diesmal zurück, ohne erst das Haus zusammenzuschreien, nur der Mutter wird der neue Streich verraten, und die beiden Frauen reden eindringlich auf Peter ein; seine Sünde wird ihm wortreich vorgehalten, und als die Mutter meint, es sei genug, redet Fräulein noch weiter.

Peter schielt sie bockig an, und auf einmal sagt der wohlerzogene kleine Junge, der nach seiner Eltern Willen aufwachsen soll, behütet von allem Häßlichen, Unreinen der Welt, trotzig zu Fräulein: „Du Luder!"

So sagt Mine, und Mine ist für ihn Lust, Spiel, Lachen; sie ist ihm das bunte, wechselreiche Leben, und was Mine sagt, ist fein, hat Geltung für ihn.

Am nächsten Tag versucht Peter es wieder, auszureißen. Die Sehnsucht nach dem Draußen, nach den andern verläßt ihn nicht mehr.

Die große Verführerin.

„Mutti, dürfen wir auf die Straße?“

Das Trüpplein steht vor der Mutter, die Augen glänzen unternehmungslustig, sie hoffen auf ein Ja, und die Mutter sagt es auch, sie sagt es freilich ungern und zögernd, es ist ihr gar nicht recht, wenn die Kinder allein spielen. Doch, um sie spazieren zu führen, dazu fehlt es ihr an der Zeit, und die drei lebhaften Dinglein immer in der engen Wohnung zu lassen und ihnen kein Draußensein zu erlauben, geht doch auch nicht an. Luft und Sonne, sie brauchen beide so nötig.

Doch der Mutter ist die Straße unheimlich, ihre Flurnachbarin hat gesagt: „Das sind Kleinstadtgewohnheiten, die muß man überwinden. Wer nicht mit 'nem goldenen Löffel in der Hand geboren ist, der darf sich heute nicht absperren. Meine Kinder sind immerzu auf der Straße, da werden sie dreist und umgänglich und kommen nachher gut fort im Leben.“

Gut fortkommen im Leben, es leichter haben als ich sollen meine Kinder auch, denkt Frau Anna. Um ihretwillen ist sie ja weggezogen aus der lieben kleinen Heimatstadt, auf deren Plätzen noch die Brunnen rauschen wie in einem Eichendorffschen Liede. Kluge Ratgeber haben gemeint, sie würde in der Großstadt bessere Arbeitsgelegenheiten haben, und sie ist dem Rat gefolgt und hat wirklich die erhoffte Arbeit gefunden, nun sitzt sie von früh bis abends an der Maschine und stickt mit farbiger Seide feine schöne Blumen und Muster auf köstliche Stoffe. Dem Prunk und heiterem Glanze dient die Arbeit ihres einsamen Lebens. Ihr Mann ist tot und die Sorge für ihre drei Kinder ruht auf ihr. Eine schwere Sorge, ja, und doch eine liebe Sorge.

Frau Anna hört die Flurtüre klappen, jetzt trappeln ihre drei die Treppen hinab, und der große Bruder, der nun bald ein Schulrekrut ist, beschützt sorgsam die kleinen Schwestern, so wie er es daheim schon tat.

Wenn nur die Straße, der sie zustreben, auch jener der verlassenen Heimat gleichen möchte: Da hatten sich Gärten zwischen die Häuser geschoben und die Bäume hatten im Frühling ihre Blüten, im Sommer und Herbst wohl auch einen Teil ihrer Früchte auf die Straße niederfallen lassen, zum Ärger ihrer Besitzer, zur Freude der Kinder.

Die Maschine klappert, Stich um Stich. Frau Anna stickt verschlungene Linien auf blauen Grund; wer der Linien Anfang und Ende nicht kennt, hält das Ganze wohl für ein regelloses Gewirr, und doch ist es ein Muster, schön und geheimnisvoll, schwer zu enträtseln freilich, wie manchmal des Lebens Gang.

Die Zeit vergeht. Frau Anna sieht nach der Uhr und erschrickt, die Kinder bleiben doch so lange aus.

Sie wird unruhig und wartet, und die Arbeit schreitet langsamer voran. Da endlich krabbelt es draußen an der Flurtüre, ein zaghaftes Klingeln ertönt. Das ist doch nicht der Seppel, der klingelt immer herzhafter, vom Stuhl kann man fallen vor Schreck, wenn der Einlaß begehrt. Frau Anna geht und öffnet und sie findet draußen Ruth und Trinchen stehen, und allen beiden laufen die Tränen über die Bäckchen. „Seppel ist fortgelaufen", klagt Ruth, und das Trinchen jammert: „Fottelaufen!" Seppel hat die Schwestern allein gelassen! Zum erstenmal tat er das.

Frau Anna denkt nur an ein Unglück, das geschehen sein muß, und sie bringt es kaum noch fertig, die etwas redselige, aber immer hilfsbereite Nachbarin um Schutz für ihre beiden Kleinen zu bitten, dann rennt sie eilig die Treppe hinab, ihren Jungen zu suchen, ihren Liebling. Wo ist er, was ist ihm begegnet?

Sie braucht nicht weit zu gehen, da findet sie ihn schon. Er steht mitten unter einer Schar von Buben, der Kleinste ist er unter ihnen, aber sein Stimmlein kräht doch laut im Chore mit.

„Seppel!" Als die Mutter ihn ruft, schrickt er zusammen, er blinkert verlegen mit den Augen, denn leise dämmert der Gedanke an die verlassenen Schwestern in ihm auf. Unsicher murmelt er: „Sie sind weggelaufen."

„Nein, du bist weggelaufen!" Frau Anna sagt es ganz ruhig, und ein heimliches Lachen kommt ihr, als sie in Seppels bedrücktes Gesichtlein sieht, sie straft ihn aber doch mit Worten, wenn sie auch milde sind, und schon auf der zweiten Stiege stammelt der Kleine reumütig die Bitte um Verzeihung, sagt, er will's nicht wiedertun. Das Versprechen kommt aus ehrlichem Herzen, und die Mutter atmet auf, als sie ihre drei wieder beisammen hat.

Am nächsten Tag gelobt Seppel feierlich, die Schwestern treu zu hüten, und sie kommen auch alle drei vereint wieder zurück, ein bißchen verheult sieht das Trinchen aus, es ist hingefallen, weil die beiden Großen zu schnell gelaufen sind. Der Feuerwehr nach.

Was kommt alles auf so einer Straße daher, was zum Nachrennen verlockt!

Besonders so einen kleinen, kecken Draufgänger, wie der Seppel ist, einen, der einem dummen Streich nicht immer ausweicht und dem sich leicht ein Geschehen im Bewußtsein vergrößert und verschiebt, weil seine bewegliche Phantasie alles zu einem besonderen Erleben gestaltet.

Wenn die Kinder zurückkommen, haben sie immer viel zu berichten, sie nennen auch Namen von anderen Kindern, und manchmal fallen Worte, bei denen die Mutter erschreckt aufhorcht und mahnt, das sagt man nicht und dies nicht. Nur das Trinchen hat immer weinerlich das gleiche Erlebnis zu beklagen. „Bin defall'n."

Frau Anna merkt es, das Trinchen kommt bei dem Auf-der-Straße-Spielen zu kurz, und an einem Tage, der warm und sonnenreich ist, als wäre es schon Frühling, verläßt sie die Arbeit und geht ihren Kindern nach, um zu sehen, mit wem sie unten spielen.

Als Frau Anna die Straße betritt, erschrickt sie vor ihr. Der warme Tag hat mehr Menschen als sonst herausgelockt, und die Straße ist ganz erfüllt von brausendem Leben, ihr, der Kleinstädterin, erscheint es ungeheuer, und doch rechnet der Einheimische diese Straße zu den stilleren der Stadt. Die Mutter schaut ängstlich nach ihren Dreien aus, und übersieht dabei beinahe das Trinchen, das auf der Bordschwelle zwischen Bürgersteig und Fahrdamm sitzt, ganz allein hockt es da und haut mit einem alten Blechlöffel immer auf das Pflaster und summt vor sich hin: „Bumsa, bumsa!" Die Puppe liegt daneben, und inmitten alles Lebens erscheint der Mutter ihr Kleinchen so unsäglich verlassen, daß ihr die Tränen kommen. Sie hebt es auf, und Trinchen jauchzt laut beim Anblick der Mutter, aber gleich klagt es wieder, wie so oft: „Bin defall'n."

Nach Ruth braucht Frau Anna nicht weit zu suchen, die kommt bald angerannt, will nach dem Schwesterchen sehen und erzählt strahlend, sie hätten Haschens gespielt, aber das Trinchen könne noch nicht so geschwind laufen. Und Seppel?

Der spielte mit den großen Jungen Krieg, er hatte die Schwestern wieder vergessen, und als die Mutter suchend die Straße entlang geht und eine ganze Schar Buben daherstürmen sieht, begreift sie es, Seppel ist eben ein Junge, er will sich austoben. Diesmal ist Seppel auch gar nicht reumütig, ja er brummt, als die Mutter ihn ruft, und er setzt das Brummen oben fort; denn er kommt sich ein wenig wie gefangen im Käfig vor.

Am nächsten Tag hat sich der vorzeitige Frühlingsglanz in Regen verwandelt, und auf Frau Annas Herz ist eine neue Sorge gesunken, Trinchen fiebert und liegt im Bett. Die Nachbarin holt bereitwillig den Arzt herbei, der kommt auch und beruhigt die Mutter, es wäre nicht schlimm. Dennoch wagt sich Frau Anna von der Kleinen nicht fort, und da die Nachbarin keine Zeit hat, schickt sie Seppel nachmittags auf die Straße, er soll allerlei einholen. Sein Wiederkommen dauert sehr lange, und als er endlich kommt, tanzt die Klingel nicht so lebhaft wie sonst, nur zaghaft tönt sie, und Seppel kommt sehr bedrückt in das Zimmer, und sein Blick weicht scheu dem der Mutter aus. Was bedrückt ihn denn?

Frau Anna prüft das Eingeholte, es ist alles da, nur das Geld, das Seppel zurückbringen soll, fehlt. Er hat es verloren. Noch während er das Wort ausspricht, kommen ihm die Tränen; er heult laut und erklärt schluchzend, man hätte es ihm fortgenommen.

„Wer denn?"

Seppel schweigt. Im Mundwinkel und am Kinn sieht die Mutter zwei verdächtige braune Fleckchen, und sie frägt und forscht, und da kommt es denn heraus, zwei Freunde von der Straße, zwei größere Jungen, haben Seppel das Geld fortgenommen und es in Näschereien angelegt, ihm haben sie ein Beuteteilchen davon abgegeben und den guten Rat dazu, das Märlein vom verlorenen Gelde zu sagen. —

In dieser Nacht findet Frau Anna keine Ruhe. Sie sitzt an Trinchens Bett und hört den Atem des Kindes ein wenig unruhig gehen. Nebenan in der Kammer schlafen Ruth und Seppel tief und fest. Der Bube ist unter Tränen eingeschlafen, und als die Mutter einmal zu ihm geht, sieht sie ein Lächeln auf seinem Gesichtchen kommen und gehen, seine Schulderkenntnis ist noch nicht so tief, um ihm den Schlaf zu stören, noch spürt er nicht, wo sich die Wege senken, die in die Tiefe führen.

Frau Anna geht ruhelos zwischen Kammer und Stube einher. Trinchen schläft jetzt ganz ruhig, und sie tritt an das Fenster und sieht auf die Straße hinab.

Es hat geregnet und die Lichter spiegeln sich auf dem feuchten Pflaster. Die Fenster gleichen alle geschlossenen toten Augen, nur zwei glänzen noch hell in die Nacht hinaus. Und Frau Anna denkt, wer ist es, der dort noch wacht, vielleicht auch eine Mutter in Sorge wie ich?

Da hallen Schritte unten. Ein paar Männer reden laut, Frauenstimmen mischen sich hinein und ein häßliches kreischendes Lachen schallt auf. Dann verlieren sich Schritte und Stimmen in der Ferne, nur der häßliche Nachklang bleibt Frau Anna noch im Ohr. Und ein Grauen packt sie vor der langen dunklen Straße da unten, der großen Verführerin. Was verhüllt und verbirgt sie alles, was erblickt der Wissende und hört der Hörende, wenn er sie entlang geht? Wieviel Jugend, wieviel lachender Leichtsinn fiel ihr schon zum Opfer!

Da tönt nebenan ein leises Rufen auf und rasch tritt sie zurück und geht wieder zu ihren Kindern. Seppel sitzt aufrecht im Bett und als die Mutter in den Lichtschein der Lampe tritt, blinzelt er schlaftrunken. „Durst, Mutti", murmelt er.

Frau Anna läßt ihn trinken. Er schluckt ein paarmal, zuletzt schon mit geschlossenen Augen, dann sinkt er zurück, greift noch tastend nach der Mutter Hand und ein ganz holdes Lächeln geht über sein Gesichtchen. Mutti! Da ist er wieder eingeschlafen und vielleicht tummelt er sich nun schon auf der allerbuntesten Traumwiese herum. Der Mutter Hand aber hält er fest, und aus dieser kleinen Hand scheint der Frau ein Kraftstrom zuzufließen. Ihr Herz schlägt ruhiger, still sitzt sie im warmen Schein der Lampe, draußen liegt die Straße im Dunkel, aber innen ist Licht und Leben. Liebes junges Leben, das ihr gehört. Wird sie es schützen können gegen die Welt draußen?

Sie lächelt tapfer. Meine Kinder, denkt sie, meine Kinder, und es ist ihr als fühle sie ihre Stärke wachsen. Riesenkraft kann eine Mutter haben.

Hansels Liebe.

Elf Tanten und vier Onkels, alle sollte Hansel lieben, und er stopfte sie auch wirklich alle in sein Herzelein hinein, so gut es ging, er spendete Patschhände und freundliche Blicke, er ließ sich auch mal küssen, doch glücklicherweise nicht allzugern. Und wenn die Tanten gar zu lange bei seiner Mutter blieben, war er höflich und öffnete die Flurtüre und rief in das Zimmer hinein: „Ich habe schon die Türe aufgemacht."

Machte er Pläne für künftige Lebenszeiten, er schwankte, ob er Kutscher, General oder Schutzmann werden sollte, dann brachte er auch da und dort einen Onkel oder einige Tanten unter, von letzteren versprach er etlichen die Ehe und einen Onkel ernannte er schon zu seinem Trompeter, im Fall er das Generalsein erwählte.

Die Tanten waren mitunter ein bißchen eifersüchtig gegenseitig auf Hansels Liebe, obgleich der Kleine seine Gunst ziemlich gerecht verteilte und die Schokolade von Tante Anna genau so gern aß wie die von Tante Ida, sie hätten aber alle gern in seinem kleinen Herzen auf dem Sofa neben Vater und Mutter gesessen, aber der Platz gehörte für einige Zeit jemand, der gar nichts davon ahnte.

Am eifersüchtigsten warb Tante Ida um Hansels Liebe; mit süßen Gaben, mit Spaß und Neckerei suchte sie das kleine Herz an sich zu fesseln, es gehörte ihr auch, bis die seltsame Nebenbuhlerin kam.

Ein Vorfrühlingstag war es. Ein rauhes Lüftlein wehte, und Tante Ida strebte mit Hansel heimwärts, sie fand, es sei Zeit, und sie war der Ansicht, ihr Tantenamt gut erfüllt zu haben. Eine Trillerpfeife — seine höchste Sehnsucht zur Zeit — steckte in seiner Tasche, ein Küchlein ruhte auf dem Grunde seines Magens, und immer hatte Tante Ida vorsichtig die Sonnenseite aufgesucht.

Und auf einmal walzte sie daher: „Hansels Liebe".

Die Straße zitterte und dröhnte, schwarz, ungeheuer, fauchend kam sie angekeucht, die Dampfwalze.

Hansel stand wie angewurzelt.

„Komm", mahnte die Tante, „komm!"

Hansel rührte sich nicht. Seine Augen ruhten unverwandt auf ihr, der Herrlichen. Was war selbst die Elektrische gegen sie!

Die Tante bat und mahnte, es half alles nichts. Hansel rührte sich nicht von der Stelle. Endlich rief die Tante, der es kühl um die Ohren wehte, ärgerlich: „Ich glaube wirklich, Hansel, du hast die Dampfwalze lieber als mich.“

Und Hansel drehte sich um, sah die Tante liebenswürdig mit seinen strahlenden Braunaugen an und sagte tröstend: „Nur ein bißchen, Tante.“ Vergessen waren alle Liebesbeweise, die Dampfwalze hatte gesiegt.

Wer kennt sich aus in einem Kinderherzen!

Hansel, der inzwischen ein Hans geworden ist, will Ingenieur werden. Wenn er das Dröhnen und Rasseln der Maschinen hört, wenn die Bahnen sausen, die Kraftwagen surren, wenn er den gewaltigen Rhythmus der Arbeit spürt, dann zuckt sein Herz in tiefer Freude, weil er ein Mitschaffender sein kann, und er lauscht dem Zusammenklingen der vielen Stimmen so hingegeben wie damals, als er die Dampfwalze erblickte.

Die Fahrt nach Schönblick.

Einmal, so um die Sommerferienzeit, sagte der neunjährige Hellmut beim Mittagessen: „Kirchners verreisen; Max sagt, er kann dann auf 'nem richtigen Schiff fahren, immer, alle Tage."

Die zehnjährige Else bekommt unruhige, erwartungsvolle Augen, und Sehnsucht schwingt in ihrer Stimme, als sie erzählt: „Bei uns in der Klasse reisen fast alle."

In dem blassen Gesicht der Mutter zuckt es, sie sieht an ihrem Mann vorbei; denn sie weiß genau, der denkt jetzt: Könnte ich doch mit euch auch eine Ferienreise machen, einmal ein paar Wochen lang im Walde leben. Im Wald, den er so liebt, er, der Förstersohn.

Wenn nur nicht alles so teuer wäre, wenn man nur einmal etwas sorgloser dem Tage leben könnte!

Weil die Eltern schweigen, verebbt das Gespräch.

Den beiden Kleinen, die mit ihren fünf und drei Jahren ohnehin noch keine Reisesehnsucht kennen, ist es gleich, ob eine oder zehn Klassen reisen, und Ferdel schwatzt lustig dazwischen, und die sinnige Marie freut sich an den bunten Flecken, die hinter einem geschliffenen Glas auf dem weißen Tischtuch glitzern.

Die Tage eilen, die Ferien sind nahe.

Bei Hahns werden keine Reisepläne geschmiedet. Bis eines Tages doch die Reisefreude in das Zimmer tritt und Gastrecht erhält. Else und Hellmut erhalten eine Einladung von Vaters Schwester, sie zu besuchen. Die Tante lebt in einem Nest am Thüringer Wald, einem Städtchen, das beinahe in einer Spielzeugschachtel Platz hat, so klein ist es. Und klein ist auch der Tante Häuschen, winzig ihr Geldbeutel, doch groß ihre warme Güte. Sie hat die Sehnsucht in der Schwägerin Brief verstanden und gedacht: zwei bring' ich zur Not unter und durch; wenn es doch alle sein könnten! Die zwei, die kommen dürfen, sind selig. Sie fahren am ersten Ferientag zur Stadt hinaus. Strahlender als mancher, der eine Weltreise macht und denkt, wenn sie nur recht viel Geld kosten möchte, damit ich etwas los werde, sitzen sie in der vierten Klasse. Sechs Stunden Fahrt, vier Wochen Ferien, was sind alle Freuden der Welt dagegen!

„Und wir reisen auch", sagt der Vater, als er mit seiner Frau vom Bahnhof aus heimkehrt. „Nächsten Mittwoch früh bis nach — Schönblick."

Ach du lieber Himmel, diese weite Reise!

Drei Haltestellen weit liegt Schönblick am Rand eines Kiefernwaldes. Sandweg bis hin, karg die Natur, äußerste Bescheidenheit gab ihm den Namen. Doch als Frau Marie, trotz des heiteren Tons, den Kummer in ihres Mannes Augen sieht, ihr nur so eine dürftige Freude bieten zu können, lächelt sie tapfer und sagt ganz heiter: „Ich freu' mich darauf."

Den Zwang zur Freude haben die kleine Marie und Ferdel nicht nötig. Sie jauchzen laut, denn die Geschwister haben so viel von ihrer Reise erzählt, daß nun auch in ihnen die Lust erwacht ist, zu reisen, und Ferdel schreit wieder: „Will mit der Puffpuffbahn fahren." Und flink rutscht er Stühle zusammen, Marie muß einsteigen, ihre Puppenkinder dazu, ein Sofakissen wird freundlich zur Mitfahrt eingeladen, und fort geht die Reise.

„Wohin?" — „Schönblick."

„Und weiter?" — „Balin!"

„Noch weiter!" — „Auf'n Mond. Puff, puff, puff!"

Abends im Bettchen wird die Reise fortgesetzt. Ferdel fährt ins Traumland hinein und murmelt schon halb im Schlafe: „Puffpuff, mußt einsteigen, Mie!"

Sie brauchen gar keine Reise; ihre Phantasie trägt sie ja noch in goldene Wunderländer, denkt Frau Marie wehmütig. Ihr fehlt jede Lust zur Fahrt, aber sie muß daran denken, denn der Kinder Fragen umschwirren sie gleich am nächsten Morgen.

„Mutti, wann reisen wir?" — „Mittwoch!"

„Wann ist Mittwoch?" — „Noch dreimal müßt ihr schlafen gehen!"

„Und dann?" — „Dann ist Mittwoch und wir reisen."

„Sechs Stunden, Mutti?" — „Nein, dreiviertel Stunden!"

„Ach, so lange."

„Mutti, was zieh ich an?" „Mutti, darf ich meine Trommel mitnehmen?" „Mutti, darf Lotte mit?" Lotte ist das liebste Puppenkind. „Mutti, kommt der Hansi mit?" Hansi zwitschert im Bauer, als hätte er wirklich Reisesehnsucht. „Mutti, darf ich Blumen suchen?" „Mutti, kann ich auf der Lomotive sitzen? Ganz vorn, ja, Mutti?"

Es nahm kein Ende mit den Fragen, hunderterlei Dinge fielen den Kindern ein, nur an das schöne Reisewetter dachten sie nicht, das erschien ihnen selbstverständlich.

Und ihr froher Glaube, daß nichts die Reise nach Schönblick stören könnte, wurde nicht getäuscht. Ein Tag voll Sonne brach an, und als die vier

Reisenden am Mittwochmorgen zeitig nach der Bahn wanderten, kam es Frau Marie wirklich vor, als wären sie im Begriff, eine große Reise zu tun.

„Laß alle Sorgen hinter dir," bat der Mann herzlich, „wir wollen froh sein."

In Schönblick im Kiefernforst!

Frau Marie schwieg. Sie überließ es dem Vater, die vielen Fragen zu beantworten, ließ ihn Ferdel trösten, der durchaus auf der Lokomotive sitzen und pfeifen wollte, ihr Blick ging zum Fenster hin. Großstadtbilder, lange Straßen, hohe Häuser, große, aufdringliche Geschäftsanzeigen daran, ein paar Bauplätze, ein Gartenwinkel und wieder Straßen, Häuser und Fabriken; nun mehr Gärten, Eigenhäuser, ein Stück Wald, wieder Häuser, und zuletzt die weite, stille Ebene. Flachland, durch das ein Flüßlein rann. Da waren sie am Ziel. Der Kiefernwald stand dunkel gegen den Himmel, der wie blaue Seide glänzte, mit goldenen Fäden darin. Es stiegen nur wenige Menschen auf der Haltestelle aus, keine Überfüllung wie an Sonntagen, und den Weg zum Walde hin wanderte niemand.

Des Kornes goldene Breiten wogten, und das erste, was die Kinder erblickten, waren ein paar Kornblumen. Mit einem Jubelschrei lief Marie zu ihnen hin. Ferdel aber blieb wie festgenagelt mitten auf dem Wege stehen, starrte mit großen Augen erschrocken auf etwas, das sich langsam bewegte — ein Regenwurm.

Er hatte noch nie einen gesehen.

Wäre ein Löwe dahergekommen, groß und stattlich, er hätte ihm vielleicht zutraulich entgegengeblickt, der Regenwurm flößte ihm unsägliche Angst ein, und erst, als er an der Mutter Hand ein Stücklein dem Tier entronnen war, atmete er auf, befreite sich und sah sich nach neuen Abenteuern um.

Marie hatte auch etwas entdeckt, sie hatte eine Schnecke gefunden, die saß in ihrem gelben Häuschen und kümmerte sich wenig darum, daß zwei Menschlein sie sehen wollten, sie kam erst wieder aus ihrem Haus, als der Vater sie auf ein Wegebreitblatt setzte und alle still von ferne standen, da streckte sie sacht ihre feinen, kleinen Fühlhörner aus.

Ein Wunder schien den Kindern dies einsame kleine Leben, sie konnten sich nicht davon trennen, bis ein paar Schmetterlinge an ihnen vorbei über den Weg flatterten. Die langsame Schnecke hatte sie zum stillen Zuschauen gezwungen, der Schmetterlinge leicht beschwingtes Gaukeln erweckte ihre Unruhe. Sie rannten den bunten Faltern nach, sahen andere, wollten sie greifen, bis Marie auf dem Wege ein neues Wunder erblickte.

Ein Käferlein kroch da, schwerfällig, stahlschimmernd. Mistkäfer wird er genannt, Marie fand ihn süß.

Der Vater lachte über ihr Entzücken und er streifte von einem Halm einen anderen Käfer, grüngolden schimmerte der und Marie ließ den Mistkäfer seines Weges ziehen, ihr kleines Herz wandte sich flink dem zu, der glänzte.

Der Weg zum Walde war nicht weit, und doch brauchten die Wanderer lange dazu, denn die Kinder erlebten auf der kurzen Strecke so viel, daß der Vater meinte, am Ende des Tages würde es sein, als hätten sie eine Weltumseglung hinter sich. Und dann tat sich ihnen der Wald auf. Es war der karge Wald der sandigen Ebene. Kiefern, dazwischen mal ein heller Birkenstreif, die Blumen blühten spärlich, und ein kleiner dunkler See im Walde war seine größte Schönheit. Aber Marie und Ferdel waren nicht verwöhnt, die waren noch nie in einem richtigen Wald gewesen, und sie betraten den bescheidenen Forst, als läge in ihm das goldene Wunderschloß der Märchenkönigin.

Ferdels Mund stand nicht still. Das ewige „Warum" nach dem Ursprung aller Dinge, das dem Erwachsenen oft noch an der Grenze des Lebens auf den Lippen brennt, wandelte sich bei ihm zu einem „Weilrum".

„Weilrum Mutti sind die Bäume so groß? Vati, weilrum heißt es Wald?" Und weilrum, weilrum immerzu.

Marie ging still versonnen einher, sah zu den Bäumen empor und ungeheuer erschienen ihr die dünnstämmigen Kiefern, deren Kronen im goldenen Licht des Sommertages standen. Scheu, beklommen fragte sie endlich leise: „Mutti, wer hat die Bäume gemacht?"

„Der liebe Gott!"

Da schlossen sich sacht die kleinen Hände zusammen und tief aus dankerfülltem Herzlein heraus klang es. „Lieber Gott, dankeschön, daß du die feinen Bäume gemacht hast." Und ehe noch die Mutter nach dem Sinn des Dankes, der dem Schatten galt nach dem sonnenheißen Zuweg, fragen konnte, kam schon wieder eine Frage: „Mutti, geht der liebe Gott oft im Walde spazieren?"

Der Antwort auf diese schwere Frage wurde Frau Marie enthoben, ihr Mann sagte mahnend: „Seid still, ganz still, dort kommen Rehe."

Drei waren es, die schlank und zierlich daherkamen, ein paar dürre Zweige knackten, die Rehe schritten ganz langsam, doch plötzlich stutzten sie, sie hatten der Menschen Nähe gespürt, eine Sekunde nur, dann rasten sie davon und verschwanden im Walde.

Den Kindern war's wie ein Märchen. Marie hielt den Atem an, sie zitterte vor Erregung, Ferdel jedoch tat sein Mäulchen weit auf und schrie: „Dabeiben, Rehe dabeiben!" Doch sein Stimmlein verhallte, die Rehe hatten kein Ohr dafür, und so sehr auch Ferdel eilte, er kam ihnen nicht nach.

Es wurde nun heller im Walde, ein paar Minuten noch und die Wanderer standen auf einer kleinen Lichtung, ein abgeholztes Stück, auf dem sich Buschwerk und Blumen angesiedelt hatten, hier summten wieder die Insekten und flatterten die Schmetterlinge.

„Hier wollen wir rasten," sagte der Vater, „wir sitzen im Schatten und haben vor uns das Licht. Das ist gut!"

Sie fanden es alle gut, die Kinder, die Entdeckungsreisen auf die kleine Lichtung antraten, und die Mutter, die heiter die ruhsame Stille genoß. Fern aller Stadtlärm, in die Weite gerückt alle Alltagsmühe, alle kleinen und großen Sorgen, stille die Stunden und doch so voll Erleben. Immer wieder kamen die Kinder an, sie hatten eine unbekannte Blume gefunden, hatten einen höchst seltsamen schwarzen Vogel gesehen und wollten es nicht glauben, daß es eine Krähe war, sogar eine Blattwanze brachte Ferdel mit lautem Freuderufen an. Und dann fanden sie einen Ameisenhaufen, und der Vater erzählte ihnen von dem emsigen kleinen Volk, und Ferdel verlangte stürmisch Ameisen mitzunehmen, er träumte schon von einem Ameisenhaufen mitten in der Wohnstube. Er war überhaupt sehr dafür mitzunehmen, während Marie selbst die Blumen mit behutsamer Scheu pflückte.

Frau Marie hatte Mundvorrat eingepackt, sie brauchten darum kein Gasthaus aufzusuchen und so blieben sie auf dem gewählten Platz, blieben viele Stunden, die erschienen ihnen kurz und doch lang; als der Vater zum Aufbruch mahnte, riefen alle: „schon?", und nachher sagte die Mutter doch: „Es war, als hätte ich eine weite Reise gemacht."

„Jedenfalls müßte man ein Buch schreiben von alledem, was unsere Kinder heute gesehen haben", sagte der Vater, als sie dem Bahnhof zuschritten und in die rote Glut des Abendhimmels sahen. Die vielerlei kleinen Stimmen, die am Tage so laut gesummt und getönt hatten, schwiegen nun, doch dafür zirpten die Grillen laut, und in einem Tümpel am Wege quakten die Frösche. Das waren die letzten Laute von draußen, die die Kinder hörten, und darum redete Ferdel zuletzt nur von den Fröschen, und Marie verlangte das Märlein vom Froschkönig zu hören. Doch sie schlief darüber ein. Kaum saßen sie im Abteil des Heimzuges, da fielen den Kindern die Augen zu. Sie waren müde von Luft und Sonne, von den vielerlei Ereignissen des Tages und ihre Gesichtlein sanken tief herab auf die welken Blumen in ihren Händen. Auch Frau Marie war müde, aber sie schlief nicht, sie träumte vom Walde draußen, und als die Großstadt wieder begann, die Bahn wieder an den hohen Häusern mit den aufdringlichen Geschäftsanpreisungen daran vorbeifuhr, da sagte sie noch einmal: „Es ist mir, als hätte ich eine weite Reise gemacht, eine schöne Reise."

Ihre Hand suchte die ihres Mannes, und der sagte nachdenklich: „Ich dachte an den Wald meiner Jugend, er war reicher, war schöner deutscher Hochwald, und doch habe ich ihn heute wiedergefunden im seligen Erleben unserer Kinder.“

Pusteblumen.

Der Vater hatte am Fenster gestanden, hinausgesehen in den Garten, der wieder einmal seinen hellen Frühlingssang angestimmt hatte, und dabei gesagt: „Das ist heute wirklich ein Tag, an dem man es wachsen sieht."

Dem vierjährigen Rudi klingt das Wort in den Ohren. Es wachsen sehen draußen, die Blumen alle aus der Erde emporschießen sehen, wie hübsch muß das sein: Man darf so etwas nicht versäumen. Er läuft eilig zu seiner nur ein Jahr älteren Schwester Gretel und ruft der zu: „Komm mit auf die Wiese!"

Gretel schüttelt den Kopf. Sie hat just keine Wiesenlust, sie bleibt lieber auf dem Hausbänkchen sitzen und sieht den Hühnern zu, die mit viel Gegackere sich mit ein paar Sperlingen um das Futter streiten. Unlustig frägt sie: „Was willst denn?"

„Draußen wachst es, man kann's heut' sehen!"

„I wo!" Gretel lacht, sie fühlt sich sehr als ältere erfahrene Schwester dem kleinen Bruder gegenüber, und sie belehrt ihn herablassend: „Das kann man nicht sehen!"

„Doch, Vater hat es gesagt!"

Die Kleine horcht auf. Was Vater sagt, muß doch wahr sein, denn Vater ist Pfarrer und ungeheuer klug, zu dem kommen viele Leute sich Rat holen. Darum sieht sie auch auf, als der Bruder noch einmal lockt: „Komm mit!"

Sie laufen beide durch den Garten, bleiben ein paar Herzschläge lang am Erbsenbeet stehen; sollen sie hier das Wachsen ansehen? Doch Rudi ist mehr für die Wiese, er meint, auf der müsse das heute am schnellsten wachsen, und darum schlüpfen beide durch ein Heckenloch, dahinter dehnt sich Wiesenland bis zum Walde hin. Dort, wo der dunkle Tannenwald als blaue Wand aufsteigt, ist noch Schatten, aber vorn liegt die Wiese im vollen Sonnenglanz.

Hier ist gut sein. Die Kinder kauern sich im Grase nieder, jedes sucht sich ein Fleckchen aus, auf das es ernst und andächtig niederschaut, meinend, nun müsse Blume auf Blume aus der Erde hervorschießen und die Gräslein müßten sich recken und dehnen; wenn eins dem Rudi gleich bis an die Nasenspitze geschossen wäre, es hätte ihn nimmer gewundert.

Eine Minute vergeht, noch eine.

„Gretel, siehst du was?"

„So schnell geht's nicht!" Gretel hält ihren rechten Zeigefinger an einen Grashalm, schießt der nicht bald über das lebendige kleine Maß hinaus?

Insekten schwirren und summen, ein Schmetterling kommt flatternd angetanzt. Die Wiese läßt sich behaglich von der Sonne liebkosen, und jeder kleine Halm fühlt den warmen Kuß der gütigen Lichtmutter.

„Da, da wachst es!“ Rudi beugt sich aufgeregt vor. Doch was da zitternd zu wachsen scheint, ist eine Raupe, die langsam und satt an einem Grashalm entlang klettert und die nun eine Minute der Kinder Aufmerksamkeit fesselt.

Gretels Finger ist dabei tiefer in den weichen Wiesenboden eingedrungen und sie schreit plötzlich stolz: „Mein Gras ist gewachsen, da so viel!“

Rudi will das Maß nicht gelten lassen; aber er versucht es auch und sein Finger rutscht gleich ganz tief hinein. „Dummchen du!“ Gretel nimmt des Bruders Hand, gibt sorgsam dem Zeigefinger die Richtung und sagt: „Nun mußt du stillhalten.“

Ein Marienkäferlein denkt: hoho, was ist das für eine sonderbare Leiter, die muß ich erklettern, und flink kriecht es am Finger in die Höhe, es findet den Weg zur Handfläche, steigt weiter und weiter und Rudi sieht ihm zu, vergißt das Gras, warum dauert es auch so lange, bis es wächst? „Ich mach's so“, ruft er plötzlich von einem Gedanken erfaßt, er wirft sich lang hin, so macht es der Vater manchmal, wenn er auf dem Waldboden allerlei beobachten will. „Da seh' ich's besser!“

Auch Gretel streckt sich aus, und so liegen sie beide bäuchlings im Sonnenschein, und um sie herum singt, summt und schwirrt es, ein unablässiges Tönen ist in der Luft, das winzigste Insekt stimmt ein in den frohen Lobgesang. Den Kindern fallen die Augen zu, sie schlafen nicht, bewahre, sie wären arg entrüstet, wollte jemand eine so leichtfertige Behauptung aufstellen.

Ein heller, etwas schriller Ton durchzittert die Luft — die Mittagsglocke!

Rudi dreht sich um, er blinzelt ein wenig, öffnet die Augen mehr und sieht gerade neben seiner kleinen Nase eine sehr große, dicke, gelbe Pusteblume.

Die war eben noch nicht da, er weiß es ganz genau. Einen Herzschlag lang sieht er sich noch das goldene Blumenwunder an, dann schreit er: „Gretel, Gretel ich hab 'ne Blume wachsen sehen.“

Und Gretel dehnt sich und blinzelt, Grashalme kitzeln sie an den Wangen, war denn das vorher auch so? Und dann sieht sie auch neben sich eine goldgelbe Pusteblume, noch eine, viele, viele und vorher hat sie die doch gar nicht gesehen. Die Pusteblumen sind gewachsen! „Rudi,“ ruft sie selig, „da, so viele Blumen sind gewachsen.“

Sie greift mit den Händchen nach den Blumen, bricht sie ab, sie springt auf, pflückt mehr ab und will auch die nehmen, die der Bruder noch immer verträumt anschaut. „Nein," schreit der entrüstet, „ich hab' sie doch wachsen seh'n!"

„Na ja, gerade darum!"

„Nein, Nein!" Rudi hält beide Hände schützend über das kleine goldene Wunder, das darf ihm niemand anrühren, denn was sind alle Pusteblumen der Welt gegen die eine, an der sein Glaube hängt, sie wäre vor seinem Näslein gewachsen.

Gretel findet diese eine Blume nicht schöner als die anderen, und Pusteblumen sind ihrer Meinung nach dazu da, um Kränzlein daraus zu winden, mit denen man sich schmückt. Und als sie sich den goldgelben Kranz auf den Kopf setzt, sich auch eine Ringelkette dazu umhängt, sagt der Bruder glückselig: „Sie ist ganz groß geworden, viel, viel größer als deine."

Es wird ihm ordentlich schwer, sich von der schönen Blüte zu trennen, doch Gretel, die immer aus allerlei Zeichen weiß, wenn es Zeit zu irgendeiner Mahlzeit ist, sagt eilig: „Wir müssen heim."

So wandern sie wieder durch das Heckenloch und den Garten dem Hause zu, Gretel stolz im goldenen Blumenschmuck, Rudi verträumt. Sie kommen wirklich gerade noch zum Mittagessen zurecht und auf die Frage nach ihrem Verbleib, erzählen sie, Gretel sehr eifrig, Rudi langsamer und nachdenklich.

Der Mutter drängt sich ein Lachen auf die Lippen, der Vater will sagen: „Unsinn!" Doch da sehen sich beide an, und der Mutter Lachen wandelt sich zu einem stillen Lächeln, und der Vater nickt den Kindern zu. Er denkt zurück an die eigene Jugend. Damals. Er hat auch auf der Wiese gelegen, um das Gras wachsen zu sehen, und er hat daran geglaubt, bis sacht in ihm die Erkenntnis gewachsen ist und er vom Märchenglauben der Kindheit dazu gekommen ist, nachdenklich im schönen Buch der Natur zu lesen. Und die Freude daran ist in ihm gewachsen.

Der goldene Kranz auf Gretels Haar glänzt, Rudis Händchen beschreiben einen weiten Kreis: „So groß war meine Pusteblume."

Was sind alle Schätze der Welt gegen eine Pusteblume, die golden auf der Wiese gewachsen ist! Und Rudi hat sie wachsen sehen, wer zweifelt daran?

Der Brief an den lieben Gott.

Leni wollte einen Brief an den lieben Gott schreiben.

Sie dachte ganz ernsthaft daran, obgleich das Schreiben eine beschwerliche Sache war. Man mußte sich da das Händchen führen lassen, sah krause schwarze Zeichen entstehen, die man nicht deuten konnte und meist verstanden die Erwachsenen gar nicht, wie wichtig solch ein Brief war; ja, sie sagten wohl ein bissel unwirsch: „Warte doch, bis du selbst schreiben kannst."

So lange konnte Leni aber wirklich nicht warten. Ostern tat sich ihr erst die Schule auf, und dazwischen lag noch Weihnachten und Mutters Geburtstag; also dauerte es noch ewig lange, ehe die Schule begann. Und Lenis Bitte eilte. Der Vater sollte doch endlich aus dem bösen Krieg heimkommen, bald zu Mutters Geburtstag. Am einfachsten wäre es ja gewesen, den Wunsch im Abendgebet vorzubringen, aber da hörte Mutter zu und manchmal auch die Tanten, die im gleichen Hause wohnten. Sehr liebte Leni dies Zuhören eigentlich nicht. Sie schämte sich immer etwas, denn sie hatte es wohl gemerkt, die Tanten lachten manchmal heimlich, wenn sie dem lieben Gott recht viel zu sagen hatte, und wenn sie dem Schutze des gütigen Vaters selbst den Kohlenmann empfahl, auch die Gemüsefrau Müller und alle Leute, die nur den Fuß über die Schwelle der Wohnung setzten. Freilich, wenn sich dann die Tanten zunickten und Tante Nora sagte: „Süß!" und Tante Traute antwortete: „Goldig!", das gefiel ihr dann.

Sie hörte es überhaupt gern, wenn die Erwachsenen von ihr sprachen. Manchmal taten die das in ihrer Gegenwart und meinten, sie höre es nicht. Aber Leni hatte Mäusleinohren. Sie paßte gut auf, sie hörte dabei freilich auch andere Dinge und sie fand es manchmal etwas sonderbar, wie die Erwachsenen miteinander redeten; gar nicht zu verstehen war da allerlei. Auf den Gedanken, einen Brief an den lieben Gott zu schreiben, hatte sie auch ein Gespräch der Tanten gebracht, die hatten sich so einen Brief aus der Zeitung vorgelesen und herzhaft darüber gelacht, hatten den Brief entzückend gefunden und gesagt: so etwas brächte unsere Leni auch fertig.

Warum der liebe Gott seine Briefe in die Zeitung tat, verstand Leni freilich nicht, aber der Gedanke, an den lieben Gott zu schreiben, beschäftigte sie seitdem sehr. Der Gedanke lief freilich wieder fort, denn andere kamen und huschten durch das kleine Hirnchen, aber auf einmal mußte Leni doch wieder an den Brief denken und da ging sie und trug ihre Sorgen zu Martha in die Küche. Und Martha sagte: „Das tu nur!" Sie versprach auch ihre Schreibhilfe und allertiefstes Stillschweigen, sie spendete sogar einen himmelblauen Bogen, „ein Brief an den lieben Gott muß schon ein Ansehen haben“, sagte sie.

Mit Marthas Unterstützung schrieb dann Leni am Nachmittag, an dem die Mutter ausgegangen war, ihren Brief. Er wurde „fein“, darüber waren sich die Schreiberinnen einig, obgleich Leni ihn nicht lesen konnte und Martha der guten Frau Orthographie manches Schnippchen geschlagen hatte. Über den rechten Weg der Beförderung gingen die Ansichten freilich auseinander. Martha schlug das Fensterbrett vor, Leni hatte mehr Zutrauen zum Briefkasten, der Briefträger fand doch alle Leute, warum sollte er da nicht des ewigen Vaters lichte Wohnung finden! „An den lieben Gott im Himmel“, wie leicht war das! — Der Briefkasten siegte.

Martha sagte: „Heute abend werfe ich den Brief ein, da merkt es niemand.“

„Niemand, auch die Mutter nicht!“

Der Gedanke an das große Geheimnis bedrückte Leni ein wenig. Abends, als sie betete, hätte es die Mutter beinahe erfahren, doch Leni hielt es gerade noch fest, nur eine Frage hüpfte ihr eilig über die Lippen: „Antwortet der liebe Gott, wenn er einen Brief kriegt?“

„Nein, Kind!“ Die Mutter lachte. „Da hätte er viel zu tun, aber er sieht alles und hört alles.“

Die Kleine atmete tief. „Vielleicht ist Sonntag schon der Krieg aus“, sagte sie froh, und die Mutter sah ein holdes Scheinen unendlichen Vertrauens auf dem Gesichtchen erblühen, und sie lächelte wissend, denn ein blaues Brieflein knisterte in ihrer Tasche.

Der nächste Morgen brachte so warmen Sonnenschein, daß der Spätherbsttag sommerlichen Glanz erhielt. Leni konnte im Garten spielen und darüber vergaß sie den Brief. Am Nachmittag, als sie über ihren Bilderbüchern hockte und darin dem Christkind begegnete, dachte sie wieder daran. Im Nebenzimmer saßen der Mutter Freundinnen, und auf einmal dämpften die Frauen ihre Stimmen, geheimnisvoll klang es, und Leni vergaß ihren Brief und rutschte mit ihrem Schemelchen der Tür näher und näher, denn sie meinte ihren Namen zu hören.

„Lies ihn noch einmal,“ bat drinnen Tante Nora, „er ist zu niedlich.“

„Sie hört es vielleicht.“

„Ach nein, sie hat ihre Bilderbücher vor.“

Die Mutter las. Leni erschrak tief.

Wie seltsam das war! Mutter las alles vor, was sie gestern an den lieben Gott geschrieben hatte, und als sie fertig war, riefen die Tanten „Reizend!" und „Süß" und Tante Traude fragte: „Hat sie dir den Brief gegeben?"

„Bewahre, er soll ein Geheimnis sein. Martha brachte ihn mir, sie sollte ihn in den Briefkasten stecken."

„O das kleine dumme Dummchen!"

„Entzückend, dies Vertrauen!"

„Gut, daß nicht alle Leute den lieben Gott so viel bitten wie unsere Leni, der Arme, er hätte sonst zu viel zu tun."

Die Frauen lachten. An das Ohr der kleinen Lauscherin drangen seltsame Worte, sie verstand sie nicht und meinte doch, der liebe Gott müßte bitterböse werden, weil man so von ihm sprach. Konnte denn der liebe Gott nicht alles, wußte er nicht alles?

Wieder umtönte das Lachen der Frauen Leni. Die schrie plötzlich laut auf, und nebenan verstummte jäh das Lachen. Die Mutter und die Tanten kamen erschreckt in das Zimmer, und Leni sah — ihren himmelblauen Brief in der Mutter Hand.

„Sie hat gehorcht!"

Die Mutter sah verwirrt auf ihr Kind, sie wollte es in die Arme nehmen, doch Leni wehrte sich störrisch, sie rutschte von ihrem Schemelchen herab und rannte hinaus, lief in die Küche und stand plötzlich vor Wut schreiend vor Martha.

Die begriff nicht den Zorn ihres Lieblings, wußte nicht, daß sie des Kindes Vertrauen getäuscht hatte, und sie wollte trösten mit täppischen Liebkosungen wie sonst, doch Leni wehrte sich ungestüm, sie biß und kratzte, sie ließ sich auch nicht von der Mutter in die Arme nehmen, und als auch die Tanten in die Küche kamen, streckte sie ihnen ihr rotes Zünglein entgegen.

An diesem Nachmittag war Leni kein süßes, reizendes Kind. Sie blieb ungebärdig, und als sie in ihrem Bettchen lag und die Mutter ein wenig zögernd mahnte: „Willst du nicht beten!", da huschelte sich Leni flink in die Kissen und knurrte: „Ich mag nicht!"

„Du bist ungezogen," sagte die Mutter streng, „der liebe Gott wird ganz böse auf dich sein!" Sie ging hinaus und wußte nicht, wie tief ihres Kindes Sehnsucht nach ihr klagte. Sie wußte nichts von allem, was heute in dem kleinen Herzen zerbrochen war, welch köstliches feines Blümlein zerknickt am Boden lag. Leni war ungezogen gewesen, das kam vor, morgen würde sie wieder brav sein, denn ein süßes Ding war sie doch.

Und Leni weinte sich in den Schlaf, tat dann eine Reise ins bunte Traumland und wachte am Morgen hungrig und spiellustig auf.

Es war wie sonst. Doch am Abend wollte Leni wieder nicht beten, und als die Mutter ärgerlich wurde und das Gebet forderte, schlabberte sie ganz schnell ihr Verslein her vom kleinen reinen Herzen, besondere Wünsche, besondere Sorgen vertraute sie dem lieben Gott nicht mehr an.

Tat es nie mehr. Scheue Scham verschloß ihr den Mund.

Ein Schlüssel zum Himmel.

Die Mutter hatte ein Märlein erzählt, eine feine liebe Geschichte von einem Englein, das eine Erdenreise machen wollte. Heimlich hat es dem alten Petrus, wie der gerade etwas auf der blühenden Himmelswiese spazieren ging, von seinem Schlüsselbund das kleinste, goldene Schlüsselein für die allerkleinste Himmelstüre genommen, hat die aufgeschlossen und ist abwärts geflogen, der Erde zu, nach der es Sehnsucht hatte — vielleicht, weil es ihm im lichten, hohen Himmel zu friedestill war. Wer weiß es denn.

„Tun Engel denn so etwas?“ hat Heinerle, der Jüngste, gefragt.

„Ja, manchmal doch. Manchmal, aber nur sehr sehr selten, sind auch kleine Engel ein Iinschen unnütz. Freilich, der ausgerissene kleine Engel hat seine Strafe auch gleich bekommen, sein Schlüssel ist zu Boden gefallen, ist in Millionen Splitterchen zerschellt, von denen war jedes ein Samenkorn, daraus ist dann eine feine, zarte, goldgelbe Blume erblüht. Himmelsschlüssel heißen sie die Menschen.“

„Kann man damit den Himmel aufschließen?“

„Schon. Wenn ein Mensch hier unten stirbt und ein Engel wird, der kann sich dann oben selbst die Himmelstüre aufschließen, und Sankt Petrus lacht dann wohl und sagt: „Eia, du bist aber vorsichtig, lieber neuer Engel du, hast gleich den Schlüssel mitgebracht.““

„Hat der kleine Engel auch so wieder den Himmel aufgeschlossen?“

„Nein, nein, die Blumen erblühten erst im Frühling, und als der Engel auf die Erde kam, war es Winter. Kalter, eisiger Winter. Es ist ihm übel ergangen, dem kleinen Vorwitz. In sternenlosen Nächten, an bitterkalten Tagen ist er lange, lange auf der Erde umhergeirrt, bis er endlich dem Engel des Todes begegnete, der sich seiner erbarmte und ihn hinauf in den lichten, warmen Himmel trug. Denn zurückfliegen konnte der kleine Engel nicht mehr, seine Flügel waren zerbrochen, und traurig war er, wie es nie ein Engel im Himmel ist.“

„Hat der liebe Gott sehr gezankt?“

„Nein, nein, so sehr nicht! Er hat ein bißchen mit dem Finger gedroht und dann hat er dem kleinen Ausreißer über die Flügel gestrichen, da wurden die wieder heil. In seiner großen Güte hat der liebe Gott wohl gedacht, du kleiner Vorwitz du, du hast Strafe genug gehabt.“

Dem Heinerle war die Geschichte tief ins Herz gesunken, so wie ein Regentropfen in eine Blüte fällt. Er läuft auf die Wiese, wo die Himmelsschlüssel blühen, goldgelb und heiter, so recht frühlingsfroh.

Blau ist der Himmel, klar die Luft, eine Lerche wirbelt singend zur hellen Höhe empor, doch Heinerle hört nichts und sieht nichts, er pflückt Blumen, viele, viele und denkt an das Märlein, das ihm Wahrheit dünkt. Die gelben Blumen schließen den Himmel auf!

Wem denn?

Wer ein Engel werden will, muß sterben. Heinerle steht und denkt an das Sterben und leise Schauer durchzittern sein Herzlein.

Wer stirbt denn aber? Der alte Tischler Seifert vielleicht, gestern noch hatte es Heinerle sagen hören, er würde bald sterben.

Soll er dem die Blumen bringen? Damit er es leicht hat, in den Himmel zukommen und Sankt Petrus auch sagt: „Eia, du bist aber vorsichtig, lieber neuer Engel du!“

Ich bring' ihm die Blumen! Husch, ist der Gedanke da, und schon rennt Heinerle ins Dorf zurück. Er hat es sehr eilig, will nicht zu spät kommen mit seinen goldenen Wunderschlüsseln.

Seiferts Johann ist alt und arm, und alle Not des Lebens ist über ihm gewesen, und er ist durch viele dunkle Täler geschritten. Davon weiß Heinerle nichts, er weiß noch nicht, was es heißt, alt, arm und einsam sein. Für ihn hat der alte Mann in Lust und Freude gelebt, denn dem muß es doch gut gehen, der eine Katze und vier Vögel hat, die sich mitsammen vertragen. So etwas Wunderbares.

Ob er wohl die Katze und die Vögel mit in den Himmel nimmt? — Wer weiß das alles!

Er will den Alten fragen, aber als er eintritt in die niedrige, dumpfe Stube, erhält er keine Antwort mehr. Der Tischler Johann Seifert steht schon auf der Schwelle des großen, unbekannten Landes, ein paar Atemzüge noch und er ist drüben. Alles Klingen und Lärmen der Erdenwelt ist schon für ihn verstummt, und Fragen sind ihm nicht mehr Fragen.

Heinerle erschrickt vor dem Alten. Wie sonderbar der aussieht! Er wirft hastig die Blumen auf das schmutzige, zerwühlte Lager und rennt wieder hinaus, von der Furcht gejagt. Doch an der Türe bleibt er stehen, dreht sich noch einmal um und ruft mit angstgedämpfter Stimme: „Vergiß die Himmelsschlüssel nicht, da — damit du gleich rein kannst.“

Die Türe klappt. Heinerle steht draußen im Sonnenschein.

Niemand erfährt etwas von seinem Gang. Der Tag wird müde und läßt sich von der Nacht in die Arme nehmen. Ein neuer steigt herauf, und an ihm hört Heinerle sagen: Der alte Seifert wäre tot.

Ein Nachbar redet es im Flur des Hauses, er lacht dazu, und Frau Mädler, die Wirtschafterin, sagt: „Na, schade ist's nicht um den alten Lump. Einer weniger von der Sorte, das ist gut."

„Er ist jetzt im Himmel", sagt Heinerle auf einmal ernsthaft.

„Der und im Himmel!" Der Nachbar lacht grob. „Der hat da drin nichts zu suchen, den lassen sie gar nicht ein."

„Doch — er hat ja einen Schlüssel!" Heinerle hätte gern erzählt, wie der alte Seifert in den Himmel gekommen ist, aber vor dem lauten ungläubigen Lachen der andern läuft er davon. Er flüchtet zur Mutter und vertraut der sein großes Geheimnis an. Und die Mutter glaubt auch, daß sich Seiferts Johann nun den Himmel aufgeschlossen hat, sie zweifelt nicht, sie lächelt nicht, sie hält ihren kleinen Jungen fest im Arm, und ihr Blick taucht tief in den seinen.

„Ist er jetzt — schon oben?" Heinerle hält den Atem an, so sehr erregt ihn selbst die Frage.

„Gewiß, jetzt ist er schon beim lieben Gott."

Heinerle lächelt glückselig. Er träumt dem Engel nach, der zum Himmel emporgeflogen ist und der hier auf Erden der alte Tischler Johann Seifert war, von dem die Leute reden, er sei ein Lump gewesen.

Die Mutter sinnt ernst der Zukunft entgegen. Wird ihrem Kind auch einmal das goldene Schlüsselein zum Himmel des Glaubens in tausend Splitter zerschellen, wird er sich auch die lichten Flügel seiner reinen kleinen Seele zerbrechen? Nein, nein, ruft es in ihr, ich will wachsam sein immerzu und ihm selbst eine Türe der Erkenntnis nach der anderen öffnen, sacht und vorsichtig, damit seine Seele nicht Schaden leide.

Ein schweres Werk. Wird es gelingen? Wer weiß es denn?

Le chef d'orchestre

Théorie de son art

Hector Berlioz

Alpha Editions

This edition published in 2022

ISBN : 9789357096874

Design and Setting By
Alpha Editions
www.alphaedis.com
Email - info@alphaedis.com

LE CHEF D'ORCHESTRE THÉORIE DE SON ART

La Musique paraît être le plus exigeant des arts, le plus difficile à cultiver, et celui dont les productions sont le plus rarement présentées dans les conditions qui permettent d'en apprécier la valeur réelle, d'en voir clairement la physionomie, d'en découvrir le sens intime et le véritable caractère.

De tous les artistes producteurs, le compositeur est à peu près le seul, en effet, qui dépende d'une foule d'intermédiaires, placés entre le public et lui; intermédiaires intelligents ou stupides, dévoués ou hostiles, actifs ou inertes, pouvant, depuis le premier jusqu'au dernier, contribuer au rayonnement de son œuvre ou la défigurer, la calomnier, la détruire même complètement.

On a souvent accusé les chanteurs d'être les plus dangereux de ces intermédiaires; c'est à tort, je le crois. Le plus redoutable, à mon sens, c'est le chef d'orchestre. Un mauvais chanteur ne peut gâter que son propre rôle, le chef d'orchestre incapable ou malveillant ruine tout. Heureux encore doit s'estimer le compositeur quand le chef d'orchestre entre les mains duquel il est tombé n'est pas à la fois incapable et malveillant; car rien ne peut résister à la pernicieuse influence de celui-ci. Le plus merveilleux orchestre est alors paralysé, les plus excellents chanteurs sont gênés et engourdis, il n'y a plus ni verve ni ensemble: sous une pareille direction, les plus nobles hardiesses de l'auteur semblent des folies, l'enthousiasme voit son élan brisé, l'inspiration est violemment ramenée à terre, l'ange n'a plus d'ailes, l'homme de génie devient un extravagant ou un crétin, la divine statue est précipitée de son piédestal et traînée dans la boue; et, qui pis est, le public, et des auditeurs même doués de la plus haute intelligence musicale, sont dans l'impossibilité, s'il s'agit d'un ouvrage nouveau qu'ils entendent pour la première fois, de reconnaître les ravages exercés par le chef d'orchestre, de découvrir les sottises, les fautes, les crimes qu'il commet.

Si l'on aperçoit clairement certains défauts de l'exécution, ce n'est pas lui, ce sont ses victimes qu'on en rend en pareil cas responsables. S'il a fait manquer l'entrée des choristes dans un final, s'il a laissé s'établir un balancement discordant entre le chœur et l'orchestre, ou entre les deux côtés extrêmes du groupe instrumental, s'il a précipité follement un mouvement, s'il l'a laissé s'alanguir outre mesure, s'il a interrompu un chanteur avant la fin d'une période, on dit: les chœurs sont détestables, l'orchestre n'a pas d'aplomb, les violons ont défiguré le dessin principal, tout le monde a manqué de verve, le ténor s'est trompé, il ne savait pas son rôle, l'harmonie est confuse, l'auteur ignore l'art d'accompagner les voix, etc., etc.

Ce n'est guère qu'en écoutant les chefs-d'œuvre déjà connus et consacrés, que les auditeurs intelligents peuvent découvrir le vrai coupable et faire la part de chacun; mais le nombre de ceux-ci encore est si restreint, que leur jugement reste de peu de poids et que le mauvais chef d'orchestre, en présence du même public qui sifflerait impitoyablement l'*accident de voix* d'un bon chanteur, trône, avec tout le calme d'une mauvaise conscience, dans sa scélératesse et son ineptie.

Heureusement je m'attaque ici à une exception: le chef d'orchestre capable ou non, mais malveillant, est assez rare.

Le chef d'orchestre plein de bon vouloir, mais incapable, est au contraire fort commun. Sans parler des innombrables médiocrités dirigeant des artistes qui, bien souvent, leur sont supérieurs, un auteur, par exemple, ne peut guère être accusé de conspirer contre son propre ouvrage; combien y en a-t-il, pourtant, qui s'imaginant savoir conduire, abîment innocemment leurs meilleures partitions.

Beethoven, dit-on, gâta plus d'une fois l'exécution de ses Symphonies qu'il voulait diriger, même à l'époque où sa surdité était devenue presque complète. Les musiciens, pour pouvoir marcher ensemble, convinrent enfin de suivre de légères indications de mouvement que leur donnait le Concert-Meister (1er Violon-Leader) et de ne point regarder le bâton de Beethoven. Encore faut-il savoir que la direction d'une symphonie, d'une ouverture ou de toute autre composition dont les mouvements restent longtemps les mêmes, varient peu et sont rarement nuancés, est un jeu en comparaison de celle d'un opéra, ou d'une œuvre quelconque où se trouvent des récitatifs, des airs et de nombreux dessins d'orchestre précédés de silences non mesurés. L'exemple de Beethoven, que je viens de citer, m'amène à dire tout de suite que si la direction d'un orchestre me paraît fort difficile pour un aveugle, elle est sans contredit impossible pour un sourd, quelle qu'ait pu être d'ailleurs son habileté technique avant de perdre le sens de l'ouïe.

Le chef d'orchestre doit *voir* et *entendre*, il doit être *agile* et *rigoureux*, connaître la *composition*, la *nature* et l'*étendue* des instruments, savoir lire la partition et posséder, en outre du talent spécial dont nous allons tâcher d'expliquer les qualités constitutives, d'autres dons presque indéfinissables, sans lesquels un lien invisible ne peut s'établir entre lui et ceux qu'il dirige, la faculté de leur transmettre son sentiment lui est refusée et, par suite, le pouvoir, l'empire, l'action directrice lui échappent complètement. Ce n'est plus alors un chef, un directeur, mais un simple batteur de mesure, en supposant qu'il sache la battre et la diviser régulièrement.

Il faut qu'on sente qu'il sent, qu'il comprend, qu'il est ému; alors son sentiment et son émotion se communiquent à ceux qu'il dirige, sa flamme intérieure les échauffe, son électricité les électrise, sa force d'impulsion les entraîne; il projette autour de lui les irradiations vitales de l'art musical. S'il est inerte et glacé, au contraire, il paralyse tout ce qui l'entoure; comme ces masses flottantes des mers polaires, dont on devine l'approche au refroidissement subit de l'air.

Sa tâche est complexe. Il a non seulement à diriger, dans le sens des intentions de l'auteur, une œuvre dont la connaissance est déjà acquise aux exécutants, mais encore à donner à ceux-ci cette connaissance, quand il s'agit d'un ouvrage nouveau pour eux. Il a à faire la critique des erreurs et des défauts de chacun pendant les répétitions, et à organiser les ressources dont il dispose, de façon à en tirer le meilleur parti le plus promptement possible; car, dans la plupart des villes de l'Europe aujourd'hui, l'art musical est si mal partagé, les exécutants sont si mal payés, les nécessités des études sont si peu comprises, que l'*emploi du temps* doit être compté parmi les exigences les plus impérieuses de l'*art du chef d'orchestre.* Voyons en quoi consiste la partie mécanique de cet art.

Le talent du *batteur de mesure*, sans demander de bien hautes qualités musicales, est encore assez difficile à acquérir, et très peu de gens le possèdent réellement. Les signes que le conducteur doit faire, bien qu'assez simples en général, se compliquent néanmoins dans certains cas par la division et même la *subdivision* des temps de la mesure.

Le chef, avant tout, est tenu de posséder une idée nette des principaux traits et du caractère de l'œuvre dont il va diriger l'exécution ou les études, pour pouvoir, sans hésitation ni erreur, déterminer dès l'abord les mouvements voulus par le compositeur. S'il n'a pas été à même de recevoir directement de celui-ci ses instructions, ou si les mouvements n'ont pu lui être transmis par la tradition, il doit recourir aux indications du métronome et les bien étudier, la plupart des maîtres ayant aujourd'hui le soin de les écrire en tête et dans le courant de leurs morceaux.

Je ne veux pas dire par là qu'il faille imiter la régularité mathématique du métronome, toute musique exécutée de la sorte serait d'une raideur glaciale, et je doute même qu'on puisse parvenir à observer pendant un certain nombre de mesures cette plate uniformité. Mais le métronome n'en est pas moins excellent à consulter pour connaître le premier mouvement et ses altérations principales.

Si le chef d'orchestre ne possède ni les instructions de l'auteur, ni la tradition, ni les indications métronomiques, ce qui arrive souvent pour les anciens chefs-d'œuvre écrits à une époque où le métronome n'était pas inventé, il n'a plus d'autres guides que les termes vagues employés pour désigner les mouvements, et son propre instinct, et son sentiment plus ou moins fin, plus ou moins juste du style de l'auteur. Nous sommes forcé d'avouer que ces guides sont trop souvent insuffisants et trompeurs. On peut s'en convaincre en voyant représenter aujourd'hui les opéras de l'ancien répertoire dans les villes où la tradition de ces ouvrages n'existe plus. Sur dix mouvements divers, il y en a toujours alors au moins quatre pris à contre-sens. J'ai entendu un jour un chœur d'Iphigénie en Tauride, exécuté dans un théâtre d'Allemagne *Allegro assaï à deux temps*, au lieu de *Allegro non troppo à quatre temps*, c'est-à-dire précisément le double trop vite. On pourrait multiplier indéfiniment les exemples de désastres pareils amenés, soit par l'ignorance ou l'incurie des chefs d'orchestre, soit par la difficulté réelle qu'il y a pour les hommes même les mieux doués et les plus soigneux, de découvrir le sens précis des termes italiens indicateurs des mouvements.

Sans doute personne ne sera embarrassé pour distinguer un Largo d'un Presto. Si le Presto est à deux temps, un conducteur un peu sagace, à l'inspection des traits et des dessins mélodiques que le morceau contient, arrivera même à trouver le degré de vitesse que l'auteur a voulu. Mais si le Largo est à quatre temps, d'un tissu mélodique simple, ne contenant qu'un petit nombre de notes dans chaque mesure, quel moyen aura le malheureux conducteur pour découvrir le mouvement vrai? et de combien de manières ne pourra-t-il pas se tromper? Les divers degrés de lenteur qu'on peut imprimer à l'exécution d'un pareil Largo sont très nombreux; le sentiment individuel du chef d'orchestre sera dès lors le moteur unique; et c'est du sentiment de l'auteur et non du sien qu'il s'agit. Les compositeurs doivent donc, dans leur œuvres, ne pas négliger les indications métronomiques, et les chefs d'orchestre sont tenus de les bien étudier. Négliger cette étude est, de la part de ces derniers, un acte d'improbité.

Maintenant je suppose le conducteur parfaitement instruit des mouvements de l'œuvre dont il va diriger l'exécution ou les études; il veut donner aux musiciens placés sous ses ordres le sentiment rythmique qui est en lui, déterminer la durée de chaque mesure, et faire observer uniformément cette durée par tous les exécutants. Or, cette précision et cette uniformité ne s'établiront dans l'ensemble plus ou moins nombreux de l'orchestre et du chœur, qu'au moyen de certains signes faits par le chef.

Ces signes indiqueront les divisions principales, les *temps* de la mesure, et, dans beaucoup de cas, les subdivisions, les *demi-temps*. Je n'ai pas à expliquer ici ce qu'on entend par les temps forts et les temps faibles, je suppose que je parle à des musiciens.

Le chef d'orchestre se sert ordinairement d'un petit bâton léger, d'un demi-mètre de longueur, et plutôt blanc que de couleur obscure (on le voit mieux) qu'il tient à la main droite, pour rendre clairement appréciable sa façon de marquer le commencement, la division intérieure et la fin de chaque mesure. L'archet, employé par quelques chefs violonistes, est moins convenable que le bâton. Il est un peu flexible; ce défaut de rigidité et la petite résistance qu'il offre en outre à l'air à cause de sa garniture de crins, rendent ses indications moins précises.

La plus simple de toutes les mesures, la mesure à deux temps, se bat très simplement aussi.

Le bras et le bâton du conducteur étant élevés, de façon que sa main se trouve au niveau de sa tête, il marque le premier temps en abaissant la pointe du bâton perpendiculairement de haut en bas (*par la flexion du poignet*, autant que possible et non en abaissant le bras dans son entier), et le second temps en relevant perpendiculairement le bâton par le geste contraire.

ainsi:

La mesure *à un temps* n'étant en réalité, pour le chef d'orchestre surtout, qu'une mesure à deux temps extrêmement rapide, doit être battue comme la précédente. L'obligation où se trouve le chef de relever la pointe de son bâton après l'avoir baissée, divise d'ailleurs nécessairement cette mesure en deux parties.

Dans la mesure à quatre temps, le premier geste fait de haut en bas est adopté partout pour marquer le premier temps fort, le commencement de la mesure. Le deuxième mouvement, fait par le bâton conducteur de droite à gauche en se relevant désigne le second temps (premier temps faible). Un troisième, transversal de gauche à droite désigne le troisième temps (second temps fort), et un quatrième, oblique de bas en haut, indique le quatrième temps (second temps faible). L'ensemble de ces quatre gestes peut être figuré de la sorte:

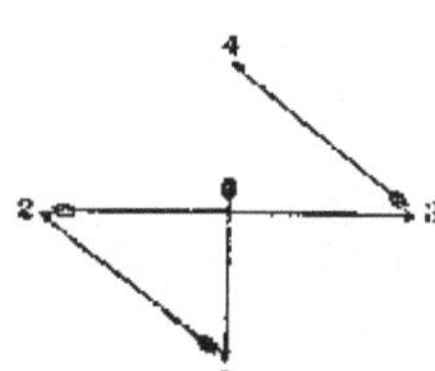

Il est important que le conducteur, en agissant ainsi dans ces diverses directions, ne meuve pas beaucoup son bras et, par suite, ne fasse pas parcourir au bâton un trop grande espace, car chacun de ces gestes doit s'opérer à peu près instantanément, ou du moins ne prendre qu'un instant si court qu'il soit inappréciable. Si cet instant devient appréciable au contraire, multiplié par le nombre de fois où le geste se répète, il finit par mettre le chef d'orchestre en retard du mouvement qu'il veut imprimer et par donner à sa direction une pesanteur des plus fâcheuses. Ce défaut a, de plus, pour résultat de fatiguer le chef inutilement et de produire des évolutions exagérées, presque ridicules, qui attirent sans motif l'attention des spectateurs et deviennent très désagréables à la vue.

Dans la mesure à trois temps le premier geste, fait de haut en bas, est également adopté partout pour marquer le premier temps, mais il y a deux manières de marquer le second. La plupart des chefs d'orchestre l'indiquent par un geste de gauche à droite.

ainsi :

Quelques maîtres de chapelle allemands font le contraire et portent le bâton de droite à gauche.

ainsi :

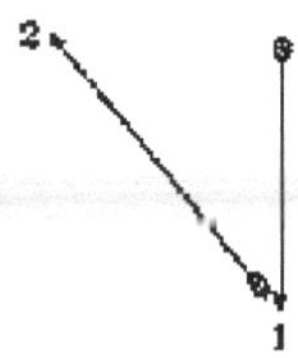

Cette manière a le désavantage, quand le chef tourne le dos à l'orchestre, ainsi qu'il arrive dans les théâtres, de ne permettre qu'à un très petit nombre de musiciens d'apercevoir l'indication si importante du second temps, le corps du chef cachant alors le mouvement de son bras. L'autre procédé est meilleur, puisque le chef déploie son bras en *dehors*, en l'éloignant de sa poitrine, et que son bâton, s'il a soin de l'élever un peu au-dessus du niveau de son épaule, reste parfaitement visible à tous les yeux.

Quant le chef regarde en face les exécutants, il est indifférent qu'il marque le second temps à droite ou à gauche.

En tout cas, le troisième temps de la mesure à trois est toujours marqué comme le dernier de la mesure à quatre, par un mouvement oblique de bas en haut.

Exemple:

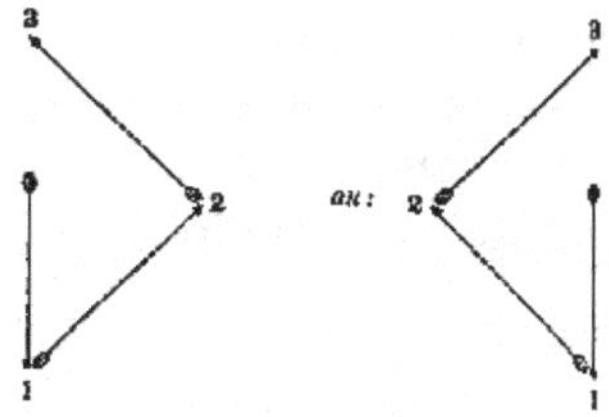

Les mesures à cinq et à sept temps seront plus compréhensibles pour les exécutants, si, au lieu de les dessiner par une série spéciale de gestes, on les traite, l'une comme un composé des mesures à trois et à deux, l'autre comme un composé des mesures à quatre et à trois.

On en marquera donc les temps en conséquence.

Exemple à cinq temps :

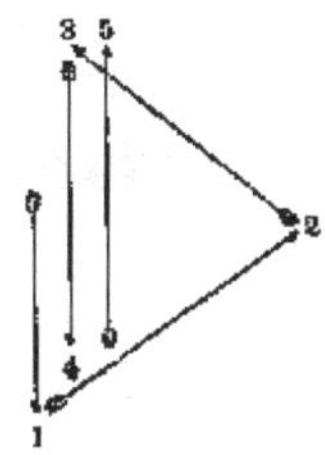

Exemple à sept temps :

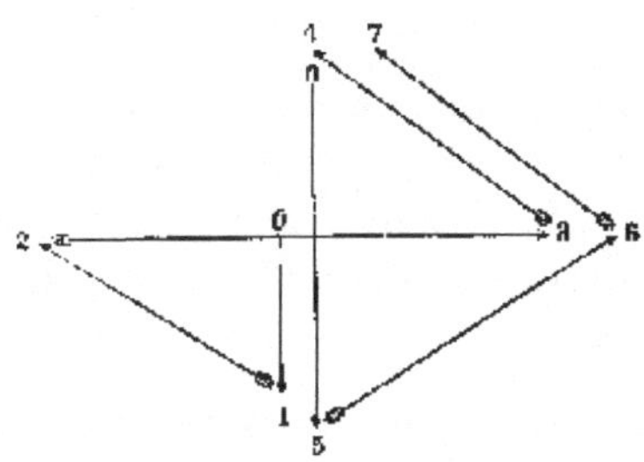

Ces diverses mesures, pour être divisées de la sorte, sont sensées appartenir à des mouvements modérés. Il n'en serait plus de même si leur mouvement était ou très rapide ou très lent.

La mesure à deux temps, je l'ai déjà fait comprendre, ne peut être battue autrement que nous ne l'avons vu tout à l'heure, quelle que puisse être sa rapidité. Mais si, par exception, elle est très lente, le chef d'orchestre devra la subdiviser.

Une mesure à quatre temps très rapide, au contraire, devra être battue à deux temps; les quatre gestes usités dans le mouvement moderato, devenant alors si précipités qu'ils ne représentent plus rien de précis à l'œil, et troublent l'exécutant au lieu de lui donner de l'assurance. En outre, et ceci est bien plus grave, le chef, en faisant inutilement ces quatre gestes dans un mouvement précipité, rend l'allure du rhythme pénible, et perd la liberté de gestes que la simple division de la mesure par sa moitié lui laisserait.

En général, les compositeurs ont tort d'écrire en pareil cas l'indication de la mesure à quatre temps. Quand le mouvement est très vif, ils ne devraient jamais écrire que le signe ¢ et non celui-ci C qui peut induire le chef d'orchestre en erreur.

Il en est absolument de même pour la mesure à trois très rapides 3/4 ou 3/8. Il faut alors supprimer le geste du second temps, et restant un temps de plus sur le frappé du premier, ne relever le bâton qu'au troisième.

Exemple:

Il serait ridicule de vouloir marquer les trois temps d'un Scherzo de Beethoven.

L'inverse a lieu pour ces deux mesures, comme pour celle à deux temps. Si le mouvement est très lent, il faut en diviser chaque temps, faire en conséquence huit gestes pour la mesure à quatre et six pour la mesure à trois, en répétant en raccourci chacun des gestes principaux que nous avons indiqués tout à l'heure.

Exemple à quatre temps très lents :

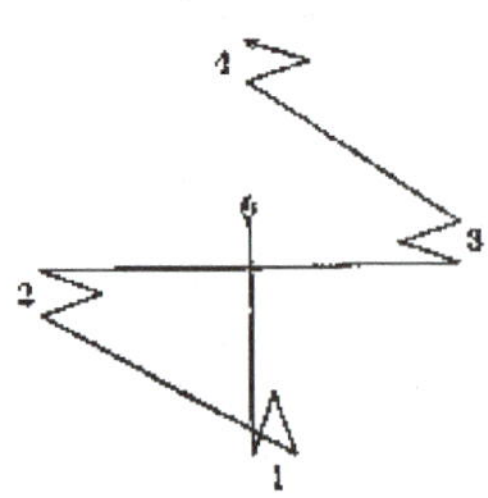

Exemple à trois temps très lents :

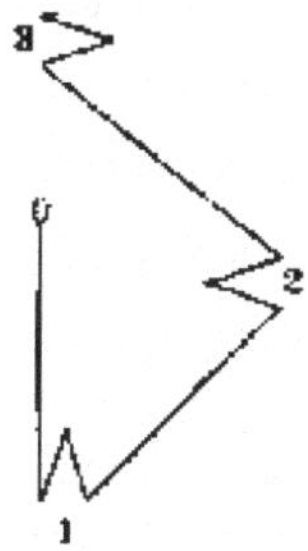

Le bras doit rester absolument étranger au petit geste supplémentaire que nous indiquons pour la subdivision de la mesure, et le poignet seul faire mouvoir le bâton.

Cette division des temps a pour objet d'empêcher les divergences rhythmiques qui pourraient aisément s'établir parmi les exécutants, pendant l'intervalle qui sépare un temps de l'autre. Car le chef n'indiquant rien pendant cette durée devenue assez considérable par suite de l'extrême lenteur du mouvement, les exécutants sont alors entièrement livrés à eux-mêmes, *sans chef*, et comme le sentiment rhythmique n'est point le même chez tous, il s'ensuit que les uns pressent pendant que les autres retardent et que l'ensemble est bientôt détruit. Ou ne pourrait faire exception à cette règle qu'en dirigeant un orchestre du premier ordre, composé de virtuoses qui se connaissent bien, ont l'habitude de jouer ensemble et possèdent à peu près par cœur l'œuvre qu'ils exécutent. Et encore, dans ces conditions, la distraction d'un seul musicien peut amener un accident. Pourquoi s'y exposer? Je sais que certains artistes se trouvent blessés dans leur amour-propre d'être ainsi tenus en lisières (*comme des enfants, disent-ils*); mais aux yeux d'un chef qui n'a en vue que l'excellence du résultat final, cette considération n'a pas de valeur. Même dans un quatuor, il est rare que le sentiment individuel des exécutants soit entièrement libre de se donner carrière; dans une symphonie, c'est de celui du chef qu'il s'agit; c'est dans l'art de le comprendre et de le reproduire avec ensemble que consiste la perfection de l'exécution, et les velléités individuelles, qui d'ailleurs ne peuvent s'accorder entre elles, ne sauraient être admises à se manifester.

Ceci compris, on devine que la subdivision est encore bien plus essentielle pour les mesures composées très lentes; telles que celle à 6/4, à 6/8, à 9/8, à 12/8, etc.

Mais ces mesures, où le rhythme ternaire joue un si grand rôle, peuvent être décomposées de plusieurs façons.

Si le mouvement est vif ou modéré, il ne faut guère indiquer que les temps simples de ces mesures, d'après le procédé adopté pour les mesures simples analogues.

Les mesures à 6/8 allegretto et à 6/4 allegro seront donc battues comme celles à deux temps: ¢= ou 2 = ou 2/4: on marquera la mesure à 9/8 allegro comme celle à 3/4 moderato, ou comme celle à 3/8 andantino; la mesure à 12/8 moderato ou allegro, comme on marque la mesure à quatre temps simples. Mais si le mouvement est adagio et à plus forte raison largo-assaï, andante-maestoso, on devra, selon la forme de la mélodie ou du dessin prédominant, marquer soit toutes les croches, soit une noire suivie d'une croche chaque temps.

Il n'est pas nécessaire, dans cette mesure à trois temps, de marquer toutes les croches; le rhythme d'une noire suivie d'une croche dans chaque temps suffit.

On fera alors pour la subdivision le petit geste indiqué pour les mesures simples; seulement cette subdivision partagera chaque temps en deux parties inégales, puisqu'il s'agit d'indiquer aux yeux la valeur de la noire et celle de la croche.

Si le mouvement est encore plus lent, il n'y a pas à hésiter, et l'on ne sera maître de l'ensemble de l'exécution qu'en marquant toutes les croches, quelle que soit la nature de la mesure composée.

EXEMPLES:

Dans ces trois mesures, avec les mouvements indiqués, le chef d'orchestre marquera trois croches par temps, trois en bas et trois en haut pour la mesure à 6/8.

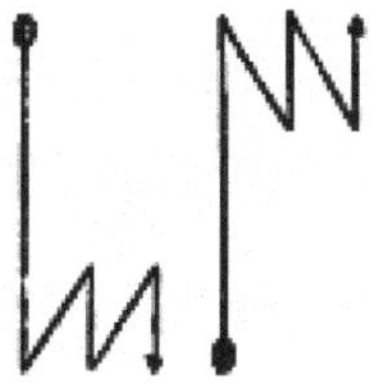

Trois en bas, trois à droite et trois en haut, pour la mesure à 9/8.

Trois en bas, trois à gauche, trois à droite et trois en haut, pour la mesure à 12/8.

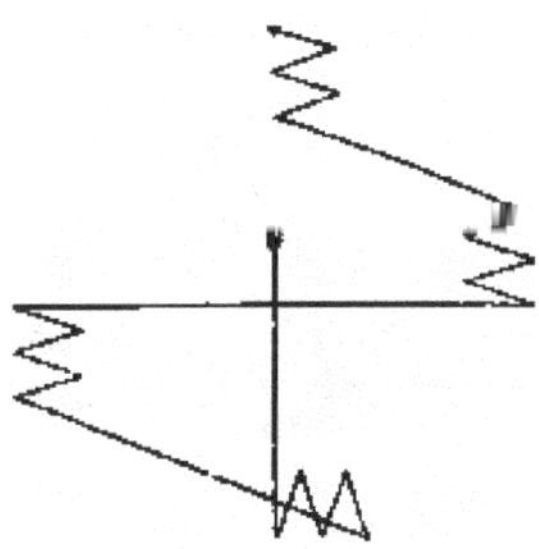

Une circonstance difficile se présente quelquefois; c'est quand, dans une partition, certaines parties sont, pour obtenir un contraste, rhythmées à trois pendant que les autres parties conservent le rhythme à deux.

Sans doute, si la partie des instruments à vent dans cet exemple est confiée à des musiciens *très musiciens*, il n'y a pas de nécessité de changer la manière de marquer la mesure, et le chef peut continuer à la subdiviser par six ou à la diviser simplement par deux; mais la plupart des exécutants paraissant hésiter au moment où, par l'emploi de la forme syncopée, le rhythme ternaire intervient dans le rhythme binaire et s'y mêle; voici le moyen de leur donner de l'assurance. L'inquiétude que leur cause la subite apparition de ce rhythme inattendu et que le reste de l'orchestre contrarie, porte toujours instinctivement les exécutants à jeter un coup d'œil sur le chef, comme pour lui demander assistance. Celui-ci doit alors les regarder aussi, se tourner un peu vers eux et leur marquer par de très petits gestes le rhythme ternaire, comme si la mesure était à trois temps réels, de telle façon que les violons et les autres instruments jouant dans le rhythme binaire ne puissent remarquer ce changement qui les dérangerait tout à fait. Il résulte de ce compromis que le rhythme nouveau à trois, étant marqué secrètement par le chef, s'exécute alors avec assurance, pendant que le rhythme à deux, déjà fermement établi, se continue sans peine, bien que le chef ne le dessine plus.

D'un autre côté, rien, à mon avis, n'est plus blâmable et plus contraire au bon sens musical que l'application de ce procédé aux passages où il n'y a pas superposition de deux rhythmes de natures opposées, et où se rencontre seulement l'emploi des syncopes. Le chef, divisant la mesure par *le nombre des accents qui s'y trouvent contenus*, détruit alors l'effet de la forme syncopée, pour tous les auditeurs qui le voient, et substitue un plat changement de mesure à un jeu de rhythme du plus piquant intérêt. C'est ce qui arrive si l'on marque les accents au lieu des temps, dans ce passage de la symphonie Pastorale de Beethoven:

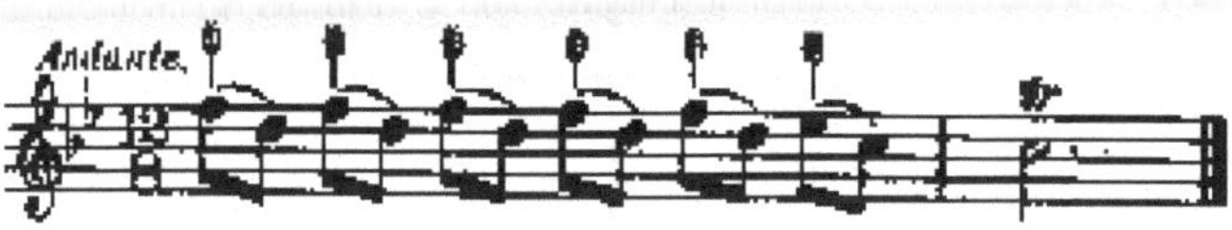

et si l'on fait les six gestes ci-dessus indiqués au lieu des quatre établis auparavant, qui laissent apercevoir et font mieux sentir la syncope:

Cette soumission volontaire à une forme rhythmique *que l'auteur a destinée à être contrariée* est une des plus énormes fautes de style qu'un batteur de mesure puisse commettre.

Il est une autre difficulté très inquiétante pour le chef d'orchestre et pour laquelle il a besoin de toute sa présence d'esprit; c'est celle que présente la superposition de mesures différentes. Il est aisé de conduire une mesure à deux temps binaires placée au-dessus ou au-dessous d'une autre mesure à deux temps ternaires, si l'une et l'autre sont dans le même mouvement; elles sont alors égales en durée, et il ne s'agit que de les diviser par leur moitié en marquant les deux temps principaux.

Mais si, au milieu d'un morceau d'un mouvement lent, est introduite une forme nouvelle dont le mouvement est vif, et si le compositeur, soit pour rendre plus facile l'exécution du mouvement vif, soit parce qu'il était impossible d'écrire autrement, a adopté pour ce nouveau mouvement la mesure brève qui y correspond, il peut alors y avoir deux et même trois mesures brèves superposées à une mesure lente.

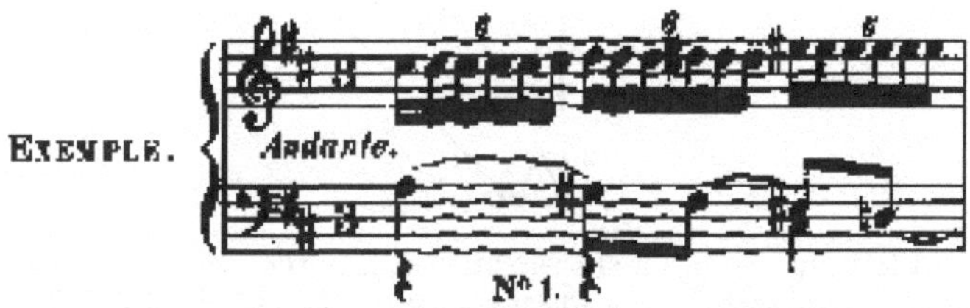

La tâche du chef est de faire marcher et de maintenir ensemble ces mesures diverses en nombre inégal et ces mouvements dissemblables. Il y parvient dans l'exemple précédent en commençant à diviser les temps dès la mesure Andante N° 1 qui précède l'entrée de l'Allegro à 6/8, et en continuant à les diviser ensuite, mais en ayant soin de marquer encore davantage cette division. Les exécutants de l'Allegro à 6/8 comprennent alors que les deux gestes du chef représentent les deux temps de leur petite mesure, et les exécutants de l'Andante que ces deux mêmes gestes ne représentent pour eux qu'un temps divisé de leur grande mesure.

Mesure n° 1.

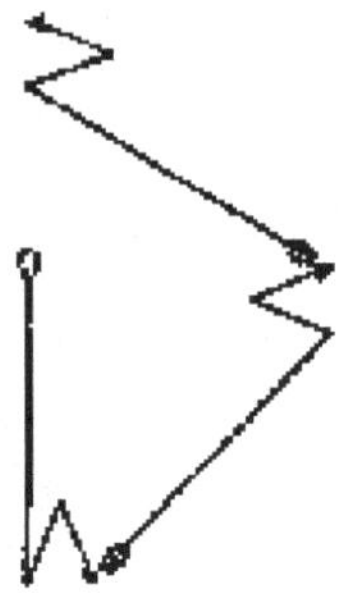

Mesures n°s 2, 3 et suivantes.

Ceci, on le voit, est assez simple au fond, parce que la division de la petite mesure et les subdivisions de la grande concordent entre elles. L'exemple suivant où une mesure lente est superposée à deux mesures brèves, sans que cette concordance existe, est plus scabreux.

Ici les trois mesures Allegro-assaï qui précèdent l'Allegretto se battent à deux temps simples comme à l'ordinaire. Au moment où commence l'Allegretto, dont la mesure est le double de la précédente et de celle que conservent les Altos, le chef marque deux temps divisés pour la grande mesure, par deux gestes inégaux en bas et par deux autres en haut:

Les deux grands gestes divisent par le milieu la grande mesure et en font comprendre la valeur aux hautbois, sans contrarier les Altos qui conservent le mouvement vif, à cause du petit geste qui divise aussi par le milieu leur petite mesure. Dès la mesure N° 3, il cesse de diviser ainsi la grande mesure par quatre, à cause du rhythme ternaire de la mélodie à 6/8 que cette division contrarie. Il se borne alors à marquer les deux temps de la grande mesure, et les Altos déjà lancés dans leur rhythme rapide le continuent sans peine, comprenant bien que chaque mouvement du bâton conducteur marque seulement le commencement de leur petite mesure.

Et cette dernière observation fait voir avec quel soin il faut se garder de diviser les temps d'une mesure, lorsqu'une partie des instruments ou des voix vient à exécuter les triolets sur ces temps. Cette division, coupant alors par le milieu la seconde note du triolet, en rendrait l'exécution chancelante et pourrait l'empêcher tout à fait. Il faut même s'abstenir de cette division des temps de la mesure par deux, un peu avant le moment où le dessin rhythmique ou mélodique va venir les diviser par trois, afin de ne pas donner d'avance aux exécutants le sentiment d'un rhythme contraire à celui qu'ils vont avoir à faire entendre.

Dans cet exemple, la subdivision de la mesure par six, ou la division des temps par deux, est utile et ne présente aucun inconvénient pendant la mesure N° 1: on fait alors le geste, mais il faut s'en abstenir dès le début de la mesure N° 2 et se borner aux gestes simples à cause du triolet placé sur le troisième temps, et à cause du suivant que les gestes doubles contrarieraient beaucoup.

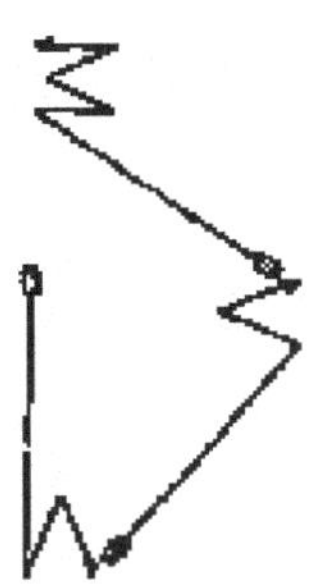

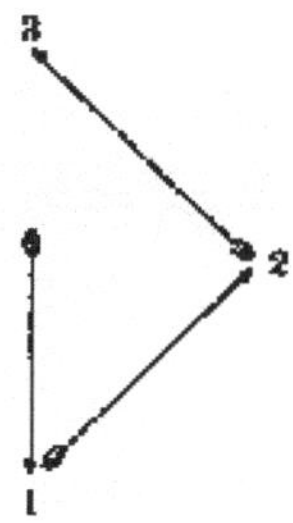

Dans la fameuse scène du bal de *Don Giovanni* de Mozart, la difficulté de faire marcher ensemble les trois orchestres écrits dans trois mesures différentes est moindre qu'on ne croit. Il suffit de marquer toujours en bas chaque temps du *tempo di minuetto.*

Une fois entré dans l'ensemble, le petit Allegretto à 3/8 dont une mesure entière représente un tiers ou un temps de celle du minuetto, et l'autre Allegro à 3/4 dont une mesure entière en représente deux tiers ou deux temps, s'accordent parfaitement ensemble et avec le thème principal, et marchent sans le moindre embarras. Le tout est de les faire entrer à propos.

Une faute grossière que j'ai vu commettre consiste à élargir la mesure d'un morceau à deux temps, quand l'auteur y a introduit des triolets de blanches:

En pareils cas la troisième blanche n'ajoute rien à la durée de la mesure, comme quelques chefs semblent le croire. On peut si l'on veut, et si le mouvement est lent ou modéré, marquer ces passages en dessinant la mesure à trois temps, mais la durée de la mesure entière doit rester absolument la même. Dans le cas où ces triolets se rencontreraient dans une mesure très brève à deux temps (Allegro assaï), les trois gestes font alors confusion, et il faut absolument n'en faire que deux, un frappé sur la première blanche et un levé sur la troisième. Lesquels gestes, à cause de la vitesse du mouvement, diffèrent peu à l'œil des deux de la mesure à deux temps égaux, et n'empêchent pas de marcher les parties de l'orchestre qui ne contiennent pas de triolets.

Parlons à présent de l'action du chef dans les récitatifs. Ici le chanteur ou l'instrumentiste récitant n'étant plus soumis à la division régulière de la mesure, il s'agit, en le suivant attentivement, de faire attaquer par l'orchestre avec précision et ensemble les accords ou les dessins instrumentaux dont le récitatif est entremêlé, et de faire changer à propos l'harmonie, quand le récitatif est accompagné, soit par des tenues, soit par un tremolo à plusieurs parties, dont la plus obscure parfois est celle dont le chef doit s'occuper davantage, puisque c'est du mouvement de celle-là que résulte le changement d'accord.

Dans cet exemple, le chef, tout en suivant la partie récitante non mesurée, a surtout à se préoccuper de la partie d'alto, et à la faire se mouvoir à propos du premier temps sur le second, du Fa sur le Mi au commencement de la deuxième mesure; sans quoi, comme cette partie est exécutée par plusieurs instrumentistes jouant à l'unisson, les uns tiendront le Fa plus longtemps que les autres et une discordance passagère se produira.

Beaucoup de chefs ont l'habitude, en dirigeant l'orchestre des récitatifs, de ne tenir aucun compte de la division écrite de la mesure, et de marquer un temps levé avant celui où se trouve un accord bref qui doit frapper l'orchestre, lors même que cet accord est placé sur un temps faible.

Dans un passage tel que celui-ci, ils lèvent le bras sur le soupir qui commence la mesure et l'abaissent sur le temps de l'accord. Je ne saurais approuver un tel usage que rien ne justifie et qui peut souvent amener des accidents dans l'exécution. Je ne vois pas d'ailleurs pourquoi on cesserait, dans les récitatifs, de diviser la mesure régulièrement et de marquer les temps réels à leur place, comme dans la musique mesurée. Je conseille donc, pour l'exemple précédent, de frapper le premier temps en bas comme à l'ordinaire, et de porter le bâton à gauche pour faire attaquer l'accord sur le second temps; et ainsi de suite pour les cas analogues en divisant toujours la mesure régulièrement. Il est très important en outre de la diviser d'après le mouvement précédemment indiqué par l'auteur, et de ne pas oublier, si ce mouvement est allegro ou maestoso, et si la partie récitante a longtemps récité sans accompagnement, de donner à tous les temps, quand l'orchestre rentre, la valeur de ceux d'un allegro ou d'un maestoso. Car quand l'orchestre joue seul il est en général mesuré; il ne joue sans mesure que s'il accompagne la voix récitante ou l'instrument récitant. Dans le cas exceptionnel où le récitatif est écrit pour l'orchestre lui-même, ou pour le chœur, ou bien pour une partie de l'orchestre ou du chœur, comme il s'agit de faire marcher ensemble, soit à l'unisson, soit en harmonie, mais sans mesure exacte, un certain nombre d'exécutants, *c'est alors le chef d'orchestre qui est le vrai récitant* et qui donne à chaque temps de la mesure la durée qu'il juge convenable. Suivant la forme de la phrase, tantôt il divise et subdivise les temps, tantôt il marque les accents, tantôt les doubles croches s'il y en a, enfin il dessine avec son bâton la forme mélodique du récitatif. Bien entendu que les exécutants, sachant leurs notes à peu près par cœur, ont l'œil constamment fixé sur lui, sans quoi on ne peut obtenir ni assurance ni ensemble.

En général, même pour la musique mesurée, le chef d'orchestre doit exiger que les musiciens qu'il dirige le regardent le plus souvent possible. *Pour un orchestre qui ne regarde pas le bâton conducteur, il n'y a pas de chef.* Souvent, après un point d'orgue, par exemple, le chef est obligé de s'abstenir de faire le geste décisif qui va déterminer l'attaque de l'orchestre, jusqu'à ce qu'il voie les yeux de tous les musiciens fixés sur lui. C'est au chef, pendant les répétitions, de les accoutumer à le regarder simultanément au moment important.

Si, dans la mesure ci-jointe, dont le premier temps portant un point d'orgue peut être prolongé indéfiniment, on n'observait pas la règle que je viens d'indiquer, le trait

ne pourrait être lancé avec aplomb et ensemble, les musiciens qui ne regardent pas le bâton conducteur ne pouvant savoir quand le chef détermine le second temps et reprend le mouvement suspendu par le point d'orgue.

Cette obligation pour les exécutants de regarder leur chef implique nécessairement pour celui-ci l'obligation de se laisser bien voir par eux. Il doit, quelle que soit la disposition de l'orchestre, sur des gradins ou sur un plan horizontal, s'arranger de façon à être le centre de tous les rayons visuels.

Il faut au chef d'orchestre, pour l'exhausser et le mettre bien en vue, une estrade spéciale, d'autant plus élevée que le nombre des exécutants est plus grand et occupe un plus vaste espace. Que son pupitre ne soit pas assez haut pour que la planchette portant la partition cache sa figure: car l'expression de son visage entre pour beaucoup dans l'influence qu'il exerce, et si le chef n'existe pas pour un orchestre qui ne sait ou ne veut pas le regarder, il n'existe guère davantage s'il ne peut être bien vu.

Quant à l'emploi d'un bruit quelconque produit par des coups du bâton du chef sur son pupitre, ou de son pied sur son estrade, on ne peut que le blâmer sans réserve. C'est plus qu'un mauvais moyen, c'est une barbarie.

Seulement si, dans un théâtre, les évolutions de la mise en scène empêchent les choristes de voir le bâton conducteur, le chef est obligé, pour assurer après un silence l'attaque du chœur, d'indiquer cette attaque en marquant le temps qui la précède par un léger coup de bâton sur son pupitre. Cette circonstance exceptionnelle est la seule qui puisse justifier l'emploi d'un *bruit indicateur*; encore est-il regrettable qu'on soit obligé d'y recourir.

A propos des choristes et de leur action dans les théâtres, il est bon de dire ici que les directeurs du chant se permettent souvent de marquer la mesure dans les coulisses, sans voir le bâton du chef, souvent même sans entendre l'orchestre. Il en résulte que cette mesure arbitraire, battue plus ou moins mal, ne pouvant s'accorder avec celle du chef, établit inévitablement une discordance rhythmique entre les chœurs et le groupe instrumental, et bouleverse l'ensemble au lieu de contribuer à l'établir.

Autre barbarie traditionnelle que le chef d'orchestre intelligent et énergique a pour mission de détruire. Si un chœur ou un morceau instrumental est exécuté derrière la scène sans la participation de l'orchestre principal, un autre chef est absolument nécessaire pour le conduire. Si l'orchestre accompagne ce groupe, le premier chef, qui entend la musique lointaine, est alors rigoureusement tenu de *se laisser conduire* par le second et de suivre *de l'oreille* ses mouvements. Mais si, comme il arrive souvent dans la musique moderne, la sonorité du grand orchestre empêche le premier chef d'entendre ce qui s'exécute loin de lui, l'intervention d'un mécanisme spécial conducteur du rhythme devient indispensable pour établir une communication instantanée entre lui et les exécutants éloignés. On a fait en ce genre des essais plus ou moins ingénieux, dont le résultat n'a pas partout répondu à ce qu'on en attendait. Celui du théâtre de Covent Garden, à Londres, que le pied du chef d'orchestre fait mouvoir, fonctionne assez bien. Seul le *Métronome électrique* établi par M. Verbrugghe au théâtre de Bruxelles ne laisse rien à désirer. Il consiste en un appareil de rubans de cuivre, partant d'une pile de Volta placée sous le théâtre, venant s'attacher au pupitre-chef, et aboutissant à un bâton mobile fixé par un de ses bouts sur un pivot, devant une planche à *quelque distance que ce soit* du chef d'orchestre. Au pupitre de celui-ci est adaptée une touche en cuivre assez semblable à une touche de piano, élastique et armée à sa face inférieure d'une protubérance de trois ou quatre lignes de longueur. Immédiatement au-dessous de la protubérance se trouve un petit godet en cuivre également et rempli de mercure. Au moment où le chef d'orchestre, voulant marquer un temps quelconque de la mesure, presse avec l'index de sa main gauche (la droite étant employée à tenir comme à l'ordinaire le bâton conducteur) la touche de cuivre, cette touche s'abaisse, la protubérance entre dans le godet plein de mercure, une faible étincelle électrique se dégage, et le bâton placé à l'autre extrémité du ruban de cuivre fait une oscillation devant sa planche. Cette communication du fluide et ce mouvement sont tout à fait instantanés, quelle que soit la distance parcourue. Les exécutants étant groupés derrière la scène, les yeux fixés sur le bâton du métronome électrique, subissent en conséquence directement l'action du chef, qui pourrait ainsi, s'il le fallait, diriger du milieu de l'orchestre de l'opéra de Paris un morceau de musique exécuté à Versailles. Il est important seulement de convenir d'avance avec les choristes, ou avec leur conducteur (si, par surcroît de précaution, ils en ont un) de la manière dont le chef marquera la mesure, s'il marquera tous les temps principaux ou le premier temps seulement: les oscillations du bâton mû par l'électricité étant toujours d'arrière en avant, n'indiquent rien de précis à cet égard.

Lorsque je me suis servi pour la première fois à Bruxelles du précieux instrument que j'essaie de décrire, son emploi présentait un inconvénient. Chaque fois que la touche de cuivre de mon pupitre subissait la pression de l'index de ma main gauche, elle venait frapper au dessous une autre plaque de cuivre; malgré la délicatesse de ce contact, il en résultait un petit bruit sec qui, pendant les silences de l'orchestre, finissait par attirer l'attention des auditeurs au détriment de l'effet musical. Je fis remarquer ce défaut à M. Verbrugghe, qui remplaça la plaque de cuivre inférieure par le godet plein de mercure dont j'ai parlé plus haut, et dans lequel la protubérance supérieure s'introduit pour établir le courant électrique, sans produire le moindre bruit.

Il ne reste plus maintenant, inhérente à l'emploi de ce mécanisme, que la crépitation de l'étincelle au moment où elle se dégage; crépitation trop faible pour être entendue du public.

Ce métronome est peu dispendieux à établir; il coûte quatre cents francs au plus. Les grands théâtres lyriques, les églises et les salles de concerts, devraient en être pourvus depuis longtemps. L'utilité de cette invention de M. Verbrugghe est devenue si manifeste aux grands concerts que j'ai dirigés en 1855 dans le Palais de l'Exposition universelle de l'Industrie, concerts où plus de mille musiciens ont exécuté, même des morceaux d'un mouvement très vif, avec une étonnante précision et un ensemble irréprochable, que trois des théâtres lyriques de Paris (le Théâtre Italien, l'Opéra-Comique et le Théâtre Lyrique) se sont empressés d'acquérir chacun un métronome électrique.

Je n'ai pas tout dit encore sur ces dangereux auxiliaires qu'on nomme directeurs des chœurs. Il y en a très peu d'assez réellement aptes à conduire une exécution musicale pour que le chef d'orchestre puisse compter sur eux. Il ne saurait donc les surveiller d'assez près, quand il est obligé de subir leur collaboration. Les plus redoutables sont ceux que l'âge a dépourvus d'agilité et d'énergie. Le maintien de tout mouvement un peu vif leur est impossible, quel que soit le degré de rapidité imprimé au début d'un morceau dont la direction leur est confiée, peu à peu ils en ralentissent l'allure, jusqu'à ce que le rythme soit réduit à une certaine lenteur moyenne qui semble être en harmonie avec le mouvement de leur sang et l'affaiblissement général de leur organisme. Il est vrai d'ajouter que les vieillards ne sont pas les seuls qui fassent courir ce danger aux compositeurs. Il y a des hommes dans la force de l'âge, d'un tempérament lymphatique, dont le sang paraît circuler *Moderato.* S'il leur arrive de diriger un allegro *assaï*, ils le ralentiront graduellement jusqu'au *Moderato*; si au contraire c'est un Largo ou un Andante sostenuto, pour peu que le morceau se prolonge, ils arriveront par une animation progressive, longtemps avant la fin, au mouvement *Moderato.* Le *Moderato* est leur mouvement naturel, et ils y reviennent aussi infailliblement que reviendrait au sien un pendule dont on aurait un instant pressé ou ralenti les oscillations.

Ces gens-là sont les ennemis nés de toute musique caractérisée et les plus grands aplatisseurs du style. Que le chef d'orchestre se préserve à tout prix de leur concours!

Un jour, dans une grande ville que je ne veux pas nommer, il s'agissait d'exécuter derrière la scène un chœur très simple écrit à 6/8 dans le mouvement allegretto. L'intervention du maître de chant devint nécessaire; c'était un vieillard... Le mouvement de ce chœur étant d'abord déterminé par l'orchestre, notre Nestor le suivait tant bien que mal pendant les premières mesures; mais bientôt après, le ralentissement devenait tel qu'il n'y avait plus moyen de continuer sans rendre le morceau complètement ridicule. On recommença deux fois, trois fois, quatre fois; on employa une grande demi-heure en efforts de plus en plus irritants, et toujours avec le même résultat. La conservation du mouvement allegretto était absolument impossible à ce brave homme. Enfin le chef d'orchestre impatienté vint le prier de ne pas conduire du tout; il avait trouvé un expédient: il fit simuler aux choristes un mouvement de marche, en élevant tour à tour chaque pied sans changer de place. Ce mouvement étant en rapports exacts avec le rhythme binaire de la mesure à 6/8 dans un allegretto, les choristes, qui n'étaient plus empêchés par leur directeur, exécutèrent aussitôt le morceau, comme s'ils eussent chanté en marchant, avec autant d'ensemble que de régularité, et sans ralentir.

Je reconnais pourtant que plusieurs directeurs des chœurs ou sous-chefs d'orchestre sont quelquefois d'une véritable utilité, et même indispensables pour maintenir l'ensemble des grandes masses d'exécutants. Lorsque ces masses sont forcément disposées de manière à ce qu'une partie des musiciens ou des choristes tournent le dos au chef, celui-ci a besoin alors d'un certain nombre de sous-batteurs de mesure placés devant ceux des exécutants qui ne voient pas le premier chef, et chargés de reproduire tous ses mouvements. Pour que cette reproduction soit précise, les sous-chefs devront se garder de quitter un seul instant des yeux le bâton du conducteur principal. Si, pour regarder leur partition, ils cessent de le voir pendant la durée de trois mesures seulement, aussitôt une discordance se déclare entre leur mesure et la sienne, et tout est perdu.

Dans un festival où douze cents exécutants se trouvaient réunis sous ma direction à Paris, en 1844, je dus employer cinq directeurs du chœur placés tout autour de la masse vocale, et deux sous-chefs d'orchestre dont l'un dirigeait les instruments à vent et l'autre les instruments à percussion. Je leur avais bien recommandé de me regarder sans cesse; ils ne l'oublièrent pas; et nos huit bâtons, s'élevant et s'abaissant sans la plus légère différence de rhythme, établirent parmi nos douze cents musiciens l'ensemble le plus parfait dont on ait jamais eu d'exemple. Avec un ou plusieurs métronomes électriques maintenant, il ne semble plus nécessaire de recourir à ce moyen. On peut en effet diriger sans peine de la sorte des choristes qui tournent le dos au chef d'orchestre. Des sous-chefs attentifs et intelligents seront pourtant toujours en ce cas préférables à une machine.

Ils ont non seulement à battre la mesure, comme la tige métronomique, mais de plus à parler aux groupes qui les avoisinent pour appeler leur attention sur les nuances et, après les silences, les avertir du moment de leur rentrée.

Dans un local disposé en amphithéâtre demi-circulaire, le chef d'orchestre peut conduire seul un nombre considérable d'exécutants, tous les yeux pouvant alors sans peine se porter sur lui. Néanmoins l'emploi d'un certain nombre de sous-chefs me paraît préférable à l'unité de la direction individuelle, à cause de la grande distance où se trouvent du chef les points extrêmes de la masse vocale et instrumentale. Plus le chef d'orchestre s'éloigne des musiciens qu'il dirige, plus son action sur eux s'affaiblit. Ce qu'il y aurait de mieux serait d'avoir plusieurs sous-chefs, avec plusieurs métronomes électriques, battant devant leurs yeux les grands temps de la mesure. C'est ainsi qu'en 1855 je dirigeais les concerts du Palais de l'Industrie.

Maintenant, le chef doit-il conduire debout ou assis? Si dans les théâtres, où l'on exécute des partitions d'une durée énorme, il est bien difficile de résister à la fatigue en restant debout toute la soirée, il n'en est pas moins vrai que le chef d'orchestre assis perd une partie de sa puissance et ne peut donner libre carrière à sa verve, s'il en a. Dirigera-t-il en lisant sur une grande partition ou sur un premier violon conducteur, comme cela se pratique dans quelques théâtres? Il aura sous les yeux une grande partition évidemment. Conduire à l'aide d'une partie contenant seulement les principales rentrées instrumentales, la basse et la mélodie, impose inutilement un travail de mémoire au chef qui n'a pas devant lui la partition complète, et l'expose en outre, s'il s'avise de dire qu'il se trompe à l'un des musiciens dont il ne peut contrôler la partie, à ce que celui-ci lui réponde: «Qu'en savez-vous?»

La disposition et le groupement des musiciens et des choristes rentrent encore dans les attributions du chef d'orchestre, surtout pour les concerts. Il est impossible d'indiquer d'une façon absolue le meilleur groupement du personnel des exécutants dans un théâtre et dans une salle de concerts, la forme et l'arrangement de l'intérieur des salles influant nécessairement sur les déterminations à prendre ou pareil cas. Ajoutons qu'elles dépendent en outre du nombre des exécutants qu'il s'agit de grouper, et dans quelques occasions, du mode de composition adopté par l'auteur de l'œuvre qu'on exécute. En général, pour les concerts, un amphithéâtre de huit ou au moins de cinq gradins est indispensable.

La forme demi-circulaire est la meilleure pour cet amphithéâtre. S'il est assez large pour contenir tout l'orchestre, la masse entière des instrumentistes sera disposée sur les gradins; les premiers violons sur le devant à droite, les seconds violons sur le devant à gauche, les altos dans le milieu entre les deux groupes de violons, les flûtes, hautbois, clarinettes, cors et bassons derrière les premiers violons, un double rang de violoncelles et de contre-basses derrière les seconds violons; les trompettes, cornets, trombones et tubas derrière les altos, le reste des violoncelles et des contre-basses derrière les instruments à vent en bois, les harpes sur l'avant-scène tout près du chef d'orchestre, les timbales et les autres instruments à percussion derrière les instruments de cuivre; le chef d'orchestre tournant le dos au public, tout en bas de l'amphithéâtre et près des premiers pupitres des premiers et des seconds violons.

Il devra y avoir un plancher horizontal, une scène plus ou moins large, s'étendant au-devant du premier gradin de l'amphithéâtre; sur ce plancher les choristes seront placés en éventail, tournés de trois quarts vers le public et pouvant tous aisément voir les mouvements du chef d'orchestre. Le groupement des choristes par catégories de voix sera différent selon que l'auteur a écrit à trois, à quatre ou à six parties. En tous cas les femmes, soprani et contralti, seront devant, assises; les ténors debout derrière les contralti, les basses debout derrière les soprani.

Les chanteurs et virtuoses solistes occuperont le centre et la partie antérieure de l'avant-scène, et se placeront toujours de manière à pouvoir, en tournant un peu la tête, voir le bâton conducteur.

Au reste, je le répète, ces indications ne sont qu'approximatives; elles peuvent être par beaucoup de raisons modifiées de diverses manières.

Au Conservatoire de Paris, où l'amphithéâtre ne se compose que de quatre ou cinq gradins non circulaires, et ne peut en conséquence contenir tout l'orchestre, les violons et les altos sont sur la scène, les basses et les instruments à vent occupent seuls les gradins; le chœur est assis sur l'avant-scène, regardant en face le public, et le groupe entier des femmes soprani et contralti, tournant directement le dos au chef d'orchestre, est dans l'impossibilité de jamais voir ses mouvements. Un tel arrangement est très incommode pour cette partie du chœur.

Il est partout de la plus haute importance que les choristes placés sur l'avant-scène occupent un plan un peu inférieur à celui des violons, sans quoi ils en affaibliront énormément la sonorité. Par la même raison, si, au devant de l'orchestre, il n'y a pas d'autres gradins pour le chœur, il faut absolument que les femmes soient assises et que les hommes restent debout, afin que les voix des ténors et des basses, parlant d'un point plus élevé que celles des soprani et contralti, puissent s'émettre librement et ne soient ni étouffées ni interceptées.

Quand la présence des choristes devant l'orchestre n'est pas nécessaire, le chef aura soin de les faire sortir, cette multitude de corps humains nuisant à la sonorité des instruments. Une symphonie exécutée par un orchestre ainsi plus ou moins étouffé a beaucoup à souffrir.

Il est encore des précautions relatives à l'orchestre seulement, que le chef peut prendre pour éviter certains défauts dans l'exécution.

Les instruments à percussion placés, ainsi que je l'ai indiqué, sur l'un des derniers gradins de l'amphithéâtre, ont une tendance à ralentir le rhythme, à retarder. Une série de coups de grosse caisse frappés à intervalles réguliers dans un mouvement vif, comme la suivante:

amène quelquefois la destruction complète d'une belle progression rhythmique, en brisant l'élan du reste de l'orchestre et détruisant l'ensemble. Presque toujours le joueur de grosse caisse, faute de regarder le premier temps marqué par le chef, reste un peu en retard pour frapper son premier coup. Ce retard, multiplié par le nombre des coups qui succèdent au premier, amène bien vite, cela se conçoit, une discordance rhythmique du plus fâcheux effet.

Le chef, dont tous les efforts sont vains en pareils cas pour rétablir l'ensemble, n'a qu'une chose à faire, c'est d'exiger que le joueur de grosse caisse compte d'avance le nombre de coups à donner dans le passage en question, et que, le sachant, il ne regarde plus sa partie et tienne constamment les yeux fixés sur le bâton conducteur; aussitôt il pourra suivre le mouvement sans le moindre défaut de précision. Un autre retard, produit par une cause différente, se fait souvent remarquer dans les parties de trompettes; c'est quand elles contiennent, dans un mouvement vif, des passages tels que celui-ci:

Le joueur de trompette, au lieu de respirer *avant* la première de ces trois mesures, respire au commencement, pendant *le demi-soupir* A et, ne tenant pas compte du petit temps qu'il a pris pour respirer, donne néanmoins toute sa valeur au demi-soupir qui se trouve ainsi surajouté à la valeur de la première mesure. Il en résulte l'effet suivant:

Effet d'autant plus mauvais que l'accent final, frappé au commencement de la troisième mesure par le reste de l'orchestre, arrive un tiers de temps trop tard dans les trompettes et détruit l'ensemble de l'attaque du dernier accord.

Pour obvier à cela, le chef doit d'abord avertir à l'avance les exécutants de cette inexactitude où ils sont presque tous entraînés à tomber sans s'en apercevoir, en conduisant, leur jeter un coup d'œil au moment décisif, et *anticiper un peu* en frappant le premier temps de la mesure dans laquelle ils entrent. On ne saurait croire combien il est difficile d'empêcher les joueurs de trompettes de doubler la valeur d'un demi-soupir ainsi placé.

Quand un long *accelerando a poco a poco* est indiqué par le compositeur pour arriver de l'Allegro moderato à un Presto, la plupart des chefs d'orchestre pressent le mouvement *par saccades*, au lieu de l'animer toujours également par une progression insensible. C'est à éviter avec soin. La même remarque est applicable à la proposition inverse. Il est même plus difficile encore d'élargir doucement, sans secousses, un mouvement vif pour le transformer peu à peu en un mouvement lent.

Souvent voulant faire preuve de zèle, ou par défaut de délicatesse dans son sentiment musical, un chef exige de ses musiciens *l'exagération des nuances*. Il ne comprend ni le caractère ni le style du morceau. Les nuances deviennent alors des taches, les accents des cris; les intentions du pauvre compositeur sont totalement défigurées et perverties, et celles du chef d'orchestre, si honnêtes qu'on les suppose, n'en sont pas moins malencontreuses comme les tendresses de l'âne de la fable, qui assomme son maître en le caressant.

Signalons à présent plusieurs déplorables abus constatés dans presque tous les orchestres de l'Europe; abus qui désespèrent les compositeurs et qu'il est du devoir des chefs de faire disparaître le plus tôt possible.

Les artistes jouant des instruments à archet veulent rarement se donner la peine de faire le tremolo; ils substituent à cette effet si caractérisé une plate répétition de la note, de moitié, souvent même des trois quarts plus lente que celle d'où résulte le tremolo; au lieu de quadruples croches, ils en font de triples ou de doubles; au lieu de produire soixante-quatre notes dans une mesure à quatre temps (Adagio) ils n'en produisent que trente-deux ou même seize. Le frémissement du bras nécessaire pour obtenir le vrai tremolo exige, sans doute, un trop grand effort! Cette paresse est intolérable. Bon nombre de contrebassistes se permettent, par paresse encore, ou par crainte de ne pouvoir vaincre certaines difficultés, de simplifier leur partie. Cette école de simplificateurs, en honneur il y a quarante ans, ne saurait subsister davantage. Dans les œuvres anciennes les parties de contrebasse sont fort simples, il n'y a donc aucune raison de les appauvrir encore; celles des partitions modernes sont un peu plus difficiles, il est vrai, mais, à de très rares exceptions près, on n'y trouve rien d'inexécutable; les compositeurs maîtres de leur art les écrivent avec soin et telles qu'elles doivent être exécutées. Si c'est par paresse que les simplificateurs les dénaturent, le chef d'orchestre énergique est armé de l'autorité nécessaire pour les obliger à faire leur devoir. Si c'est par incapacité, qu'il les congédie. Il a tout intérêt à se débarrasser d'instrumentistes qui ne savent pas jouer de leur instrument.

Les joueurs de Flûte, accoutumés à dominer les autres instruments à vent, et n'admettant pas que leur partie puisse être écrite au-dessous de celles des Clarinettes ou des Hautbois, transposent fréquemment des passages entiers à l'octave supérieure. Le chef, s'il ne lit pas bien la partition, s'il ne connaît pas parfaitement l'ouvrage qu'il dirige, ou si son oreille manque de finesse, ne s'apercevra pas de cette étrange liberté prise par les Flûtistes. Il s'en présente maint exemple cependant, et l'on doit veiller à ce que ces exemples disparaissent tout à fait.

Il arrive partout (je ne dis pas dans quelques orchestres seulement), il arrive partout, je le répète, que les violonistes chargés, on le sait, d'exécuter à dix, à quinze, à vingt, la même partie à l'unisson, ne comptent pas leur mesure de silence, par paresse toujours, et se reposent de ce soin les uns sur les autres. D'où il suit qu'il en rentre à peine la moitié au moment opportun, pendant que les autres tiennent encore leur instrument sous le bras gauche et regardent en l'air; la rentrée est alors affaiblie, sinon totalement manquée. J'appelle sur cette insupportable habitude l'attention et la sévérité des chefs d'orchestre. Elle est tellement enracinée néanmoins, qu'ils ne viendront à bout de l'extirper qu'en rendant un grand nombre de violonistes solidaires de la faute d'un seul; en mettant à l'amende, par exemple, ceux de tout un rang, si l'un d'entre eux a manqué son entrée. Quand cette amende ne serait que de trois francs, comme elle peut être infligée cinq ou six fois aux mêmes individus dans une séance, je réponds que chacun des violonistes comptera ses pauses et veillera à ce que son voisin en fasse autant.

Un orchestre dont les instruments ne sont pas d'accord isolément et entre eux est une monstruosité; le chef mettra donc le plus grand soin à ce que les musiciens s'accordent. Mais cette opération ne doit pas se faire devant le public. De plus, toute rumeur instrumentale et tout prélude pendant les entr'actes, constituent une offense réelle faite aux auditeurs civilisés. On reconnaît la mauvaise éducation d'un orchestre et sa médiocrité musicale, aux bruits importuns qu'il fait entendre pendant les moments de repos d'un opéra ou d'un concert.

Il est encore impérieusement imposé au chef d'orchestre de ne pas laisser les Clarinettistes se servir toujours du même instrument (de la clarinette en Si ♭) sans égard pour les indications de l'auteur; comme si les diverses clarinettes, celles en Ré et en La surtout, n'avaient pas un caractère spécial dont le compositeur instruit connaît tout le prix, et comme si la Clarinette en La n'avait pas d'ailleurs un demi-ton au grave de plus que la Clarinette en Si ♭, l'Ut dièse d'un excellent effet:

produit par le Mi:

lequel Mi ne donne que le Ré:

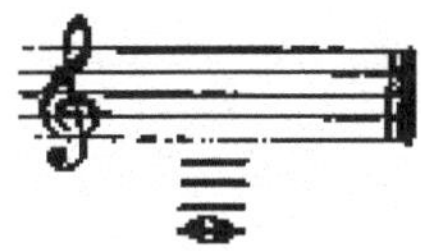

sur la Clarinette en Si ♭.

Une habitude aussi vicieuse et plus pernicieuse encore s'est introduite à la suite des cors à cylindres et à pistons dans beaucoup d'orchestres: celle de jouer *en sons ouverts*, au moyen du mécanisme nouveau adapté à l'instrument, les notes destinées par le compositeur à être produites en *sons bouchés* par l'emploi de la main droite dans le pavillon. En outre les Cornistes maintenant, à cause de la facilité que les Pistons ou Cylindres leur donnent de mettre leur instrument dans divers tons, ne se servent que du Cor en Fa, quel que soit le ton indiqué par l'auteur. Cet usage amène une foule d'inconvénients dont le chef d'orchestre doit mettre tous ses soins à préserver les œuvres des compositeurs *qui savent écrire*; pour celles des autres, il faut l'avouer, le malheur est beaucoup moins grand.

Il doit s'opposer encore à l'usage économique adopté dans certains théâtres dits Lyriques, de faire jouer les Cymbales et la grosse Caisse à la fois par le même musicien. Le son des Cymbales attachées sur la grosse Caisse, comme il faut qu'elles le soient pour rendre cette économie possible, est un bruit ignoble, bon seulement pour les orchestres des bals de barrière. Cet usage, en outre, entretient les compositeurs médiocres dans l'habitude de ne jamais employer isolément l'un de ces deux instruments et de considérer leur emploi comme uniquement propre à l'accentuation énergique des temps forts de la mesure. Idée féconde en bruyantes platitudes et qui nous a valu les ridicules excès sous lesquels, si l'on n'y met un terme, la musique dramatique succombera tôt ou tard.

Je finis en exprimant le regret de voir encore partout les études du chœur et de l'orchestre si mal organisées. Partout, pour les grandes compositions chorales et instrumentales, le système des répétitions en masse est conservé. On fait étudier à la fois, d'une part tous les Choristes, de l'autre tous les instrumentistes.

De déplorables erreurs, d'innombrables bévues, sont alors commises, dans les parties intermédiaires surtout, erreurs dont le maître de chant et le chef d'orchestre ne s'aperçoivent pas. Une fois établies, ces erreurs dégénèrent en habitudes, s'introduisent et persistent dans l'exécution.

Les malheureux Choristes, d'ailleurs, pendant leurs études telles quelles, sont bien les plus mal traités des exécutants. Au lieu de leur donner *un bon conducteur* sachant les mouvements, instruit dans l'art du chant, pour battre la mesure et faire les observations critiques—*un bon pianiste* jouant une *partition de piano bien faite* sur un *bon piano*—et *un violoniste* pour jouer à l'unisson ou à l'octave des voix chaque partie étudiée isolément; au lieu de ces trois *artistes indispensables*, on les confie, dans les deux tiers des théâtres lyriques de l'Europe, à un seul homme qui n'a pas plus d'idée de l'art de conduire que de celui de chanter, peu musicien en général, choisi parmi les plus mauvais pianistes qu'on a pu trouver, ou plutôt qui ne joue pas du piano du tout, déplorable invalide qui, assis devant un instrument délabré, discordant, tâche de déchiffrer une partition disloquée qu'il ne connaît pas, frappe des accords faux, majeurs quand ils sont mineurs et réciproquement, et, sous prétexte de conduire et d'accompagner à lui tout seul, emploie sa main droite pour que les Choristes se trompent de rhythme et sa main gauche pour qu'ils se trompent d'intonations.

On se croirait au moyen âge, quand on est témoin de cette économique barbarie.....

Une interprétation fidèle, colorée, inspirée, d'une œuvre moderne, confiée même à des artistes d'un ordre élevé, ne se peut obtenir, je le crois fermement, que par des répétitions partielles. Il faut faire étudier chaque partie d'un chœur isolément, jusqu'à ce qu'elle soit bien sue, avant de l'admettre dans l'ensemble. La même marche est à suivre pour l'orchestre d'une symphonie un peu compliquée. Les violons doivent être exercés seuls d'abord; d'autre part les Altos et les Basses, puis les instruments à vent en bois (avec un petit groupe d'instruments à cordes pour remplir les silences et accoutumer les instruments à vent aux rentrées), les instruments en cuivre également; très souvent même il est nécessaire d'exercer seuls les instruments à percussion, et enfin les Harpes, s'il y en a une masse. Les études d'ensemble sont ensuite bien plus fructueuses et plus rapides, et l'on peut se flatter d'arriver ainsi à une fidélité d'interprétation dont la rareté, hélas! n'est que trop bien prouvée.

Les exécutions obtenues par l'ancien procédé d'études ne sont que des *à peu près*, sous lesquels tant et tant de chefs-d'œuvre succombent. Le conducteur organisateur, après l'égorgement d'un maître, n'en dépose pas moins son bâton avec un sourire satisfait; et s'il lui reste quelques doutes sur la façon dont il a rempli sa tâche, comme, en dernière analyse, personne ne s'avise d'en contrôler l'accomplissement, il murmure à part lui: *Bah! malheur aux vaincus!*

H. BERLIOZ.